U1001967

浙江农林大学

本科生分专业职业发展与就业分析指引

缪鲁加　宣丰敏　梅雨晴◎编著

中国金融出版社

责任编辑：吕　楠
责任校对：孙　蕊
责任印制：陈晓川

图书在版编目（CIP）数据

浙江农林大学本科生分专业职业发展与就业分析指引/缪鲁加，宣丰敏，梅雨晴编著. —北京：中国金融出版社，2023. 7
ISBN 978-7-5220-2071-6

Ⅰ. ①浙…　Ⅱ. ①缪…　②宣…　③梅…　Ⅲ. ①大学生—职业选择　Ⅳ. ①G647. 38

中国国家版本馆 CIP 数据核字（2023）第 124744 号

浙江农林大学本科生分专业职业发展与就业分析指引
ZHEJIANG NONGLIN DAXUE BENKESHENG FEN ZHUANYE ZHIYE FAZHAN YU JIUYE FENXI ZHIYIN
出版
发行　中国金融出版社
社址　北京市丰台区益泽路 2 号
市场开发部　（010）66024766，63805472，63439533（传真）
网 上 书 店　www. cfph. cn
（010）66024766，63372837（传真）
读者服务部　（010）66070833，62568380
邮编　100071
经销　新华书店
印刷　河北松源印刷有限公司
尺寸　185 毫米×260 毫米
印张　10. 75
字数　235 千
版次　2023 年 7 月第 1 版
印次　2023 年 7 月第 1 次印刷
定价　59. 00 元
ISBN 978-7-5220-2071-6
如出现印装错误本社负责调换　联系电话（010）63263947

前　言

《浙江农林大学本科生分专业职业发展与就业分析指引》一书，作为浙江农林大学开展大学生就业工作研究的重要成果之一，经过全校就业工作人员的努力，结集出版。

浙江农林大学就业工作，经过积极探索和不断实践，构建了完善的大学生就业指导服务体系，不断提升大学生学术抱负，增强大学生职业规划能力和就业竞争力，促进大学生更高质量和更充分就业。学校就业指导服务中心曾经连续三年被评为杭州市大学生就业创业指导站优秀单位，多次获浙江省大学生职业生涯与创业大赛最佳组织奖。

本书结构清晰，内容翔实，针对学校54个专业的不同特点，介绍各专业如何开展大学生职业生涯规划与就业指导的工作。

本书为广大学生及就业工作人员提供参考，同时也将浙江农林大学就业指导服务工作的经验与成果呈现出来，希望与同行交流分享，也真诚希望各界人士提出指导意见。

编者

2022年9月

目　　录

1. 农　学

学制：四年　　授予学位：农学学士学位

（一）专业简介

农学专业设立于2008年，现为浙江省属本科高校中唯一的农学专业。专业依托浙江省一流学科（B类）作物学发展，拥有包括中国工程院院士在内的一大批高水平师资力量，建有山区农业高效绿色生产协同创新中心等6个省部级平台和14个大学生校外实习基地。农学专业致力于将现代生命科学技术、信息工程技术与传统农业科学相结合，服务浙江省区域经济社会发展和乡村振兴事业。

本专业从浙江省乡村振兴基层人才战略需求出发，以立德树人为根本，深化“三全育人”，将思政教育融入四年的专业课程体系中；以“新农科”建设为引领，体现以产出为导向的OBE教育理念；对标《植物生产类教学质量国家标准》和农林专业认证标准（第三级），明晰专业培养目标和毕业要求；强化通识教育、逻辑思辨教育、双语教育和本硕贯通教育，促进学生的个性化发展；系统培养学生的创新精神、创业意识和创新创业能力，搭建理论教学、课程实验、专业实习、社会实践、创新创业训练相结合的“一体多翼”式培养架构；强调校地、校企协同育人，实现“课堂教学、生产实践、科学研究与产业引领”相互融合的人才培养模式。

（二）培养目标

本专业旨在培养德、智、体、美、劳全面发展的、具备良好科学文化素养和扎实的生物学基础，掌握作物（种子）高效生产、作物新种质创制、农产品生产与利用、农业经营与管理、智慧农业技术等方面的基本理论、基本知识与基本技能，了解学科前沿，具备粮食安全、生态可持续发展、智慧化作物生产和农业物联网理念，能够适应浙江省现代农业区域经济发展所需要的知识体系、综合素质、创新创业精神和产业实践能力，能在农业管理与推广部门、涉农企事业单位、种业公司、科研院校等相关部门从事技术开发、推广应用、经营管理、教学科研等工作的高级复合应用型农业科技人才。

本专业期待学生毕业后5年左右达到以下目标。

目标1：具有良好的思想品行、职业道德、爱岗敬业精神和“三农”情怀。

目标2：具有终身学习和自我发展意识，能够通过不断学习掌握岗位所需要的理论知识和实践技能，实现个人的综合发展。

目标3：具备较高的团队协作意识和领导能力，能够作为主要成员或领导者在团队组织中发挥积极作用。

目标 4：具有创新创业意识和相关能力，能够理论联系实际，解决行业中遇到的复杂问题。

（三）核心课程

作物育种学、作物栽培学、种子学、耕作学、田间试验与统计分析、植物保护学、农业信息学、生物信息学、农学专业综合实习。

（四）专业优势

国家一流本科专业建设点（2020 年至今），曾为教育部卓越农林人才教育培养计划试点改革专业（2014 年）、浙江省一流学科 B 类（2016 年）、浙江省“十三五”特色专业（2017 年）和浙江省一流本科专业建设点（2019 年）。拥有作物学学术学位及“农艺与种业”领域农业硕士专业学位授予权。拥有中国工程院院士、农业农村部岗位体系科学家、浙江省高校创新领军人才等高水平师资力量，教师 100%拥有博士学位。

省属本科高校唯一的农学本科专业，浙江省基层事业单位农学人才定向培养基地，建有 6 个省级科教平台和 14 个校外实践基地，实现了“产学研用”一体的复合培养模式。

（五）招生情况

近三年本专业在浙江省招生录取分数如表 1–1 所示。

表 1–1 近三年本专业在浙江省招生录取分数

年份	科类批次	招生专业	录取	最高分	最低分	选考课程
2019	普通提前批	农学（定向农技）	22	643	580	物理或化学或生物
		农学	38	608	583	物理或化学或生物
2020	普通提前批	农学（三位一体）	5	593	570	物理或化学或生物
		农学（定向农技）	23	636	581	物理或化学或生物
		农学	27	611	586	物理或化学或生物
2021	普通提前批	农学（三位一体）	5	593	569	物理或化学或生物
		农学（定向农技）	44	638	589	物理或化学或生物
	普通平行批	农学	45	602	578	物理或化学或生物

（六）职业发展

随着农村经济的持续发展，需要越来越多的农业科技方面的人才，农学作为培养农业生产和研究方面的高级人才的学科得到越来越多的重视。面对庞大的人群和不断减少的耕地，唯有农业科学才是促进农业发展的第一生产力，而致力于农业科学研究的农学人才，将会是农业发展的中坚力量。

农学专业是研究农业发展的自然规律和经济规律的科学学科，因涉及农业环境、作物和畜牧生产、农业工程和农业经济等多种科学而具有综合性，林业科学和水产科学有时也包括在广义的农业科学范畴之内。农学专业培养具备作物生产、作物遗传育种以及种子生产与经营管理等方面的基本理论、基本知识和基本技能，能在农业及其他相关的部门或单位从事与农学有关的技术与设计、推广与开发、经营与管理、教学与科研等工作的高级科学技术人才。

（七）职业规划

1. 本专业职业生涯规划的特点和侧重点

本专业要求学生充分理解农业文明和乡村文化蕴含的优秀思想，具有“懂农业、爱农村、爱农民”的“三农”情怀，具有生态文明、可持续发展理念和对应的思政能力素养。熟练掌握作物（种子）高效生产、作物新种质创制、农产品生产与利用、智慧农业生产方面的基本理论、基础知识和实践技能，了解农业行业的产业发展状况和未来趋势，能够运用所学专业理论对本领域的复杂问题进行系统分析和研究，提出相应的对策和建议，或形成解决方案；掌握农业经济学与管理学的基本知识与方法，具备农产品经营、农技推广与服务、农业项目管理、家庭农场/专业合作社经营和管理的能力。

具有终身学习和创新创业意识以及自我管理、自主学习能力，能够通过不断学习，适应社会需要，实现个人可持续发展。拥有全球视野，认同人类命运共同体理念，关注全球气候变化、粮食安全、营养与人类健康、生态文明、可持续发展、农产品贸易等重大问题。

2. 依据个人特点规划职业生涯发展道路

学生应有针对性地规划自己的职业生涯，将个人特色与专业特色相结合，依据已经科学判断的职业方向，以及该职业方向要求的个人素质（包括各项专业知识、应变能力、表达能力、沟通能力、组织能力、协调能力、做事风格等方面），进行个人职业生涯的规划。现代社会的快速发展，使每个人在完成最初的学校教育后，必须不断地继续学习，才能与时俱进，始终保持岗位胜任的能力。职业选择考虑的要素总结起来有四点：薪资、知识学习、公司背景、职位。每个人都要明确在不同时间段你的取舍，当然取舍的标准是你的总体职业目标。

3. 进行有效的目标管理和阶段性的调试

根据每个学生职业生涯发展的规划目标，提醒和指导其在每一阶段结束之后进行检测，依据检测结果进行必要的目标调整，包括自身兴趣调研及职业方向选择等。

2. 植物保护

学制：四年　　授予学位：农学学士学位

（一）专业简介

植物保护专业开设于2005年，为浙江省重点建设专业（2012年）和农林类免学费专业（浙江户籍），入选教育部首批卓越农林人才教育培养计划改革试点项目（2014年），以及浙江省基层定向农技人才培养计划（2012年）。现有专任教师25人，其中教授5人、副教授10人，博士学位比例达到96%。本专业依托国家级“生物农药高效制备技术国家地方联合工程实验室”和省级“浙江省农产品品质改良技术研究重点实验室”等4个教学科研平台，同时拥有“天目山国家级自然保护区管理局农科教合作人才培养基地”和多个省级实践基地。

本专业以服务区域农业为目标，坚持立德树人为根本，培养具有坚定理想信念、崇高道德品质和扎实专业素养的农业接班人。依据新农科发展要求，将现代生物技术、大数据、机器人、智慧农业技术等融入传统植物保护科学；设置植物医学、生物安全与检验检疫等模块化教学方向；整合企业、地方资源，强化实践环节，开设服务区域农业的特色课程；开展与国外高校和国际应用生物科学中心CABI等的交流合作。

本专业旨在培养德、智、体、美、劳全面发展的，爱党、爱国，敢于担当，具有正确的人生观、世界观、价值观，富有人文情怀；掌握现代农业和生物科学基础知识，具有扎实的植物保护专业知识理论和实践技能；熟悉我国及浙江省粮食作物、蔬菜花卉、果树、中草药等经济产业特点，具备服务区域农业的能力；具备农作物田间病虫害诊断和防控、植物检疫与生物安全监测控制等能力，拥有植保投入品安全使用和生态绿色防控理念的植物保护复合应用型人才。学生毕业后可在农林业、海关等行政事业单位及农资产品营销与贸易、粮食储藏与食品安全、植保投入品等行业，从事技术推广、产品开发、行政管理、科研教学，也可考取研究生或出国继续深造。

（二）培养目标

本专业以培养全能型、智慧型的新时代“植物医生”为目标，使学生具有现代农业国际视野，成为具备扎实生物学基础和深厚植物保护学知识体系的优秀领军人才。熟悉我国及浙江省粮食作物、蔬菜花卉、果树等经济产业特点，具备农作物田间病虫害诊断和防控、植物检疫与生物安全检测控制等能力，拥有植保投入品安全使用的生态绿色防控理念。本专业学生一直是农林业、出入境检疫等行政事业单位及农资产品营销与贸易、粮食储藏与食品安全等行业紧俏的高级应用人才。

（三）核心课程

植物生理学、植物化学保护、农业植物病理学、农业昆虫学、生物安全科学、植物检疫理论与实践、植物病害诊断、植物病害流行学、农药残留与农产品安全等。

（四）专业优势

植物保护专业被列入国家卓越农林人才培养计划，是浙江省重点建设和首批定向培养基层农技人员专业。教师均来自国内外一流高校，100%具有博士学历，半数以上有海外留学背景。本专业所在学科拥有国家级工程技术中心等省级以上科研教学平台 5 个，校内外知名企业设立的实践基地多个。具备广阔的升学空间，本校已是博士点授权高校，建立了本硕博完整人才深造体系，专业教师具备“资源利用与植物保护”等硕、博点导师资格。

（五）招生情况

近三年本专业在浙江省招生录取分数如表 2-1 所示。

表 2-1　近三年本专业在浙江省招生录取分数

年份	科类批次	招生专业	录取	最高分	最低分	选考课程
2019	普通提前批	植物保护（定向农技）	7	626	596	物理或化学或生物
		植物保护	32	634	582	物理或化学或生物
2020	普通提前批	植物保护（定向农技）	7	634	587	物理或化学或生物
		植物保护	31	623	582	物理或化学或生物
2021	普通提前批	植物保护（定向农技）	10	631	584	物理或化学或生物
	普通平行批	植物保护	20	600	575	物理或化学或生物

（六）职业发展

植物保护专业学生主要学习农业生物科学、农业生态科学、农业病虫生物学及其致害方面的基本理论和基本知识，受到各类病虫草鼠害鉴定、识别方面的基本训练，具有植物病虫草鼠害监测和防治方面的基本能力。毕业生具备植物保护科学的基本理论、基本知识和基本技能，能在农业及其他相关的部门或单位从事植物保护工作的技术与设计、推广与开发、经营与管理、教学与科研等工作的高级科学技术人才。

我国每年由于病虫草害造成植物生产损失约 30%，植物保护作为一项重要的技术措施，在保障现代农业生产中发挥不可替代的重要作用。

（七）职业规划

1. 本专业职业生涯规划的特点和侧重点

植物保护专业主要培养具备植物保护科学的基本理论、基本知识和基本技能，能在农业及其他相关的部门或单位从事植物保护工作的技术与设计、推广与开发、经营与管理、教学与科研等工作的高级科学技术人才。主要有考研和就业两个渠道，毕业生就业主要面向各级植保植检部门、农技推广站、海关及农药、食品加工企业等。

2. 依据个人特点规划职业生涯发展道路

通过就业指导课程体系及对学生的个体指导，帮助学生尽快地对自我有一个清晰正确的认知，并引导学生找到与自身特点相匹配的就业方向。

在此基础上，指导学生有针对性地规划自己的职业生涯，将个人特色与专业特色相结合，依据已经科学判断的职业方向，以及该职业方向要求的个人素质（包括各项专业知识、应变能力、表达能力、沟通能力、组织能力、协调能力、做事风格等方面），进行个人职业生涯的规划，规划要做细，包括职业生涯的时间规划、能力培养规划、阶段目标等。

3. 进行有效的目标管理和阶段性的调试

根据每个学生职业生涯发展的规划目标，提醒和指导其在每一阶段结束之后进行检测，依据检测结果进行必要的目标调整，包括自身兴趣调研及职业方向选择等。

3. 林　学

学制：四年　　授予学位：农学学士学位

（一）专业简介

林学专业设立于1958年，2002年列为浙江省重点专业，2008年列为国家特色专业，现为国家一流专业建设点。本专业依托省部共建亚热带森林培育国家重点实验室、生物农药高效制备技术国家地方联合工程实验室、高等学校学科创新引智计划（“111计划”）、林学类国家级实验教学示范中心；致力于培养具有“三农”情怀、创新创业能力和国际视野，服务于建设美丽中国和国家乡村振兴战略需求，适应林业未来发展，对接机构管理、行业升级和科学研究等需要的拔尖创新人才和未来领导者。毕业生在各类企事业和行政管理等部门从事科研创新、技术研发和管理工作。

本专业以宽厚基础、差异教育、多元融合和强化实践为原则，遵照国家林学类专业教学质量标准和国家拔尖创新型卓越农林人才教育培养计划改革要求，紧紧围绕林业现代化和资源保护与管理的发展需求开展人才培养。更加强调宽厚基础，扎实掌握专业基础核心课程理论和技能；更加强调差异教育，设置现代林业经营、森林健康管理和森林资源管理三大专业方向课程群进行分类培养；更加强调多元融合，多学科交叉，新科技应用和三产融合；更加强调教学实践，培养学生创新创业能力，结合天目山和潘母岗等科研实践基地和学科竞赛，充分利用林学学科的各类国家级平台资源和校外实践基地，推进政产学研协同育人。

（二）培养目标

本专业主要为践行“两山”理念，适应新时代国家经济社会发展需要，结合新林科发展要求，培养具有良好的生态文明意识、国际视野、创新精神和科学素养，自主性学习、研究分析能力，较强专业能力和综合竞争能力，德、智、体、美、劳全面发展的现代林业拔尖创新人才和未来领导者。

本专业期待学生毕业后达到以下目标。

目标1：能够运用专业知识和技术，开展现代林业经营、森林资源保护与管理，尤其是运用林业现代装备、物联网信息技术、经济学原理、生物技术，从事行业相关生产、管理和科研工作。

目标2：德、智、体、美、劳全面发展，有良好的职业修养和道德水准，在团队工作中，有较强的项目管理和沟通表达能力，能成为团队的骨干成员或者领导者，并且能有效地发挥作用。

目标 3：具有国际视野及创新创业意识和能力。
目标 4：在林业建设规划和资源保护管理领域具有职业竞争力。
目标 5：能够通过继续教育或其他的终身学习途径，提升自己的知识和能力。

（三）核心课程

森林培育与生态修复、国土空间规划、资源与环境经济学、林下经济与森林康养、林业信息技术与物联网、野生动植物保护与管理、林木遗传育种学、森林保护学、森林经理学。

（四）专业优势

本专业现为国家一流专业建设点，依托亚热带森林培育国家重点实验室、生物农药高效制备技术国家地方联合工程实验室、林学类国家级实验教学示范中心、天目山国家级大学生校外实践教育基地和林学浙江省一流学科（A 类）等平台建设，拥有一支由国家级人才和国家级教学团队等组成的师资队伍；拥有教育部批准的国家拔尖创新型卓越农林人才教育培养计划改革项目、加拿大不列颠哥伦比亚大学合作办学项目；拥有与专业相关的林学博士学位点，林学、生物学、生态学一级硕士学位点，森林培育、森林保护、森林经理、林木遗传育种等二级硕士学位点；拥有本硕博完整的全链条人才培养体系，实施本研互助联动培养。

（五）招生情况

近三年本专业在浙江省招生录取分数如表 3-1 所示。

表 3-1　近三年本专业在浙江省招生录取分数

年份	科类批次	招生专业	录取	最高分	最低分	选考课程
2019	普通提前批	林学（三位一体）	10	609	556	物理或化学或生物
		林学	40	608	587	物理或化学或生物
2020	普通提前批	林学（三位一体）	10	593	569	物理或化学或生物
		林学	43	611	587	物理或化学或生物
2021	普通提前批	林学（三位一体）	10	594	565	物理或化学或生物
	普通平行批	林学	56	605	577	物理或化学或生物

（六）职业发展

林学是研究林业生产理论和技术的科学，它包括森林培育、森林资源经营管理等领域。由于长期战争和农业利用，森林的数量和质量都受到极大损伤和破坏。我国是森林资源短缺的国家。进行荒山绿化、保护现有森林资源尤其是天然林资源并不断扩大森林资源面积、科学经营人工林和城市森林的事业就是林业。林业既是改善和美化环境的事业，也是生产木材和其他林产品的产业。党中央和国务院明确提出，在可持续发展战略中，应赋予林业以重要地位；在生态建设中，应赋予林业以首要地位。

在新的历史时期，围绕国家可持续发展的整体目标，林业发展按照“生态建设·生态安全·生态文明”的战略思想，严格保护天然林、野生动植物以及湿地等典型生态系统；积极发展人工林、林产品精深加工、森林旅游、森林康养等绿色产业；高新技术与传统技术相结合，加强森林科学经营。

（七）职业规划

1. 本专业职业生涯规划的特点和侧重点

本专业培养在林业、农业、环保、城镇建设等行业从事森林培育、森林资源经营与管理、森林旅游规划与管理、经济林栽培、城市绿地规划与设计、生态环境建设等方面的应用复合型专业人才。因此，本专业职业生涯规划的特点是让本科生能够在牢固掌握专业知识的同时提升各方面能力，并在此过程中，正确认识自我，逐步找到切合自身兴趣的就业方向。

2. 依据个人特点规划职业生涯发展道路

在学生明确自己未来的发展方向以后，需要根据学生的规划有针对性地进行指导，帮助学生正确认知自我，通过各种途径找到自己的优势和存在的不足，并鼓励其积极参加学校和学院的各项活动，提升自己的综合素质。

3. 进行有效的目标管理和阶段性的调试

作为某方面的人才，一定要确保自己的职业目标规划与自己当前的能力相适应，并且在一个合理的时间范围内能够实际达到。职业规划有一个明显的阶段性特征，所以在不同发展的阶段都必须做出相应的调整，甚至是改变。但职业发展的宗旨是不变的，就是通过职业发展的机会，体现个人的价值，为社会作出应有的贡献。因此有了这样长期而又宏观的视野，就会根据自身状况的改变而做出相应的调整。职业规划不是将职业目标定得越高越好，而是切合实际的、可行的，有计划一步步完成的规划才是最好的职业规划。

4. 生物技术

学制：四年　　授予学位：理学学士学位

（一）专业简介

生物技术专业设立于1999年，历经浙江省重点专业（2007年）、优势专业（2012年）、特色专业（2017年）建设，现为浙江省一流专业建设点。本专业依托省部共建亚热带森林培育国家重点实验室、林学类国家级实验教学示范中心和浙江省一流学科（A类）等平台建设，拥有一支由长江学者、省“151”第一层次和省级优秀教师等高层次人才组成的师资队伍，以林业生物技术为特色，致力于培养掌握现代生物技术基础理论和基本技能，从事生物技术及其相关领域的科学研究、技术开发、人才培养和管理等工作，或有志于继续深造的拔尖创新型人才。

本专业以立德树人、宽厚基础、通专融合、创新引领、结果导向为原则，遵照生物技术专业本科教学质量国家标准和专业特色定位，紧紧围绕林业生物技术产业的发展需求开展人才培养。依托现代基因工程、现代高效育种、生物检测与合成、生物大数据分析等专业课程群的建设，强化生物技术专业知识和核心能力的培养，设置多元拓展模块课程，更加强调学术进阶、林业特色、信息技术、实践创新、产业对接，推进“双创”教育，深化协同育人。

（二）培养目标

本专业期待学生毕业后5年左右达到以下目标。

本专业旨在培养德、智、体、美、劳全面发展，掌握现代高效育种、现代基因工程、生物大数据分析、生物检测与合成等理论知识和技能，具备适应国家社会经济发展和现代林业产业建设需要，具有良好的生态文明意识、创新精神和创业能力，能出国深造、攻读硕博学位，或在高等院校、科研院所、生物技术企业等单位从事教学、研发、生产及管理等工作的拔尖创新型人才。

（三）核心课程

生物化学、普通生物学、微生物学、遗传学、分子生物学、细胞生物学、生物信息学、基因工程原理、发酵工程、蛋白质与酶工程、天然产物化学、药物分析、测序原理及数据分析、生物计算机编程等（图4-1为能力体系与课程体系映射关系）。

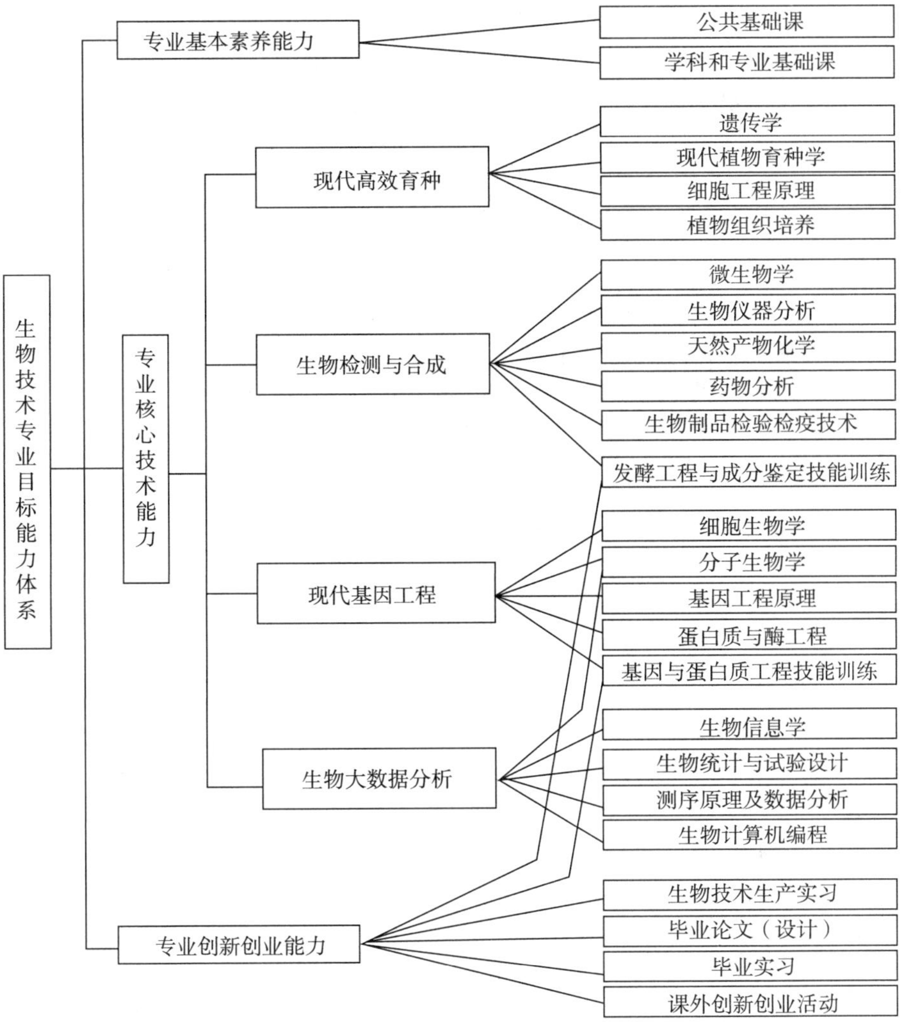

图 4-1 能力体系与课程体系映射关系

（四）专业优势

生物技术专业拥有国家级人才 3 名，省“千人计划”人才 3 名，省“151”第一层次人才 4 名，高校中青年学科带头人 5 名，省级教坛新秀和优秀教师各 1 名，具有海外学习和工作经验的教师超过 70%；拥有与该专业相关的林学、农业资源与环境一级博士点 2 个，生物学、林学一级硕士点 2 个，连续 10 年读研率位列全校第一。

（五）职业规划

职业规划对大学生确定职业奋斗目标，为实现目标做出有效规划和实际安排，科学认知自我，在实践中培养综合素质，为今后的职业生涯做出努力起着指导作用。如何在大学四年的时间里逐步认清自己所学专业、认清自己适合从事的职业；如何在大学四年中提升自己的综合素质以适应社会需求，找到自己专业和职业的契合点等一系列问题都是职业生涯规划需要解决的。

生物技术专业的大学生在高中报考时，大致分为三种情形：一是大学毕业后在生物技术领域搞科学研究，进而出国深造的；二是生物技术就业前景广阔，能大展拳脚；三是在生物技术相关领域工作。但是，大学生没有几个人能说清楚在大学毕业后真正想做什么。

在规划职业发展时，一定要将个人特色与专业特色相结合，不同的性格爱好与特长有不同的发展规划，生物技术专业的职业方向有很多种类，如开发、生产、市场、销售等。不同的职业方向要求有不同的性格爱好与特长，找到自己合适的职业才能做好自己长远的规划。

随着学生专业知识的不断扎实和能力的不断提升，对本专业学生依据学年或者学期不同进行目标管理和阶段性调试，树立自己的目标。另外，还要依据学生自身的发展规划，根据不同方向的就业选择进行相应的准备。生物技术专业快速发展的特点决定了对它的研究在大学四年期间的学习是远远不够的。因此，学生物技术同学的考研比例与其他专业相比要高出很多。

5. 生态学（生态工程技术）

学制：四年　　授予学位：理学学士学位

（一）专业简介

生态学（生态工程技术）专业设立于2010年，是浙江省招生最早的生态学本科专业。本专业以亚热带森林培育国家重点实验室、林学类国家级实验教学示范中心、天目山国家级大学生校外实践教育基地和生态学浙江省一流学科（A类）等平台为依托，围绕区域经济社会发展中面临的生态环境问题和行业发展需求，培养具有现代生态学理念，能够在生态学及相关领域胜任教育、科研、技术研发和管理等方面工作的拔尖创新型人才。

本专业遵照学校建设要求和专业目标定位，将生态学原理与现代教育理念进行有机融合，进一步优化课程设置，拓宽生态学基础理论教育，聚焦学科前沿，强化生态理论、技能及综合应用能力的培养，设置校企合作、产学研联动的专业拓展课程和个性发展课程。

（二）培养目标

本专业旨在培养具有高度的社会责任感、良好的科学和人文素养，较系统地掌握生态学的基础知识、基本理论和基本技能，融知识、能力、素质全面协调发展，富有创新精神、创新创业意识与能力，并能够在生态学及相关领域从事教育、科研、技术研发和管理等工作的拔尖创新型人才。

（三）核心课程

生态学、城市生态学、污染生态学、生态环境监测与生态影响评价、植物生理生态学、景观生态学、应用生态学等（图5-1为培养目标体系与课程体系映射关系）。

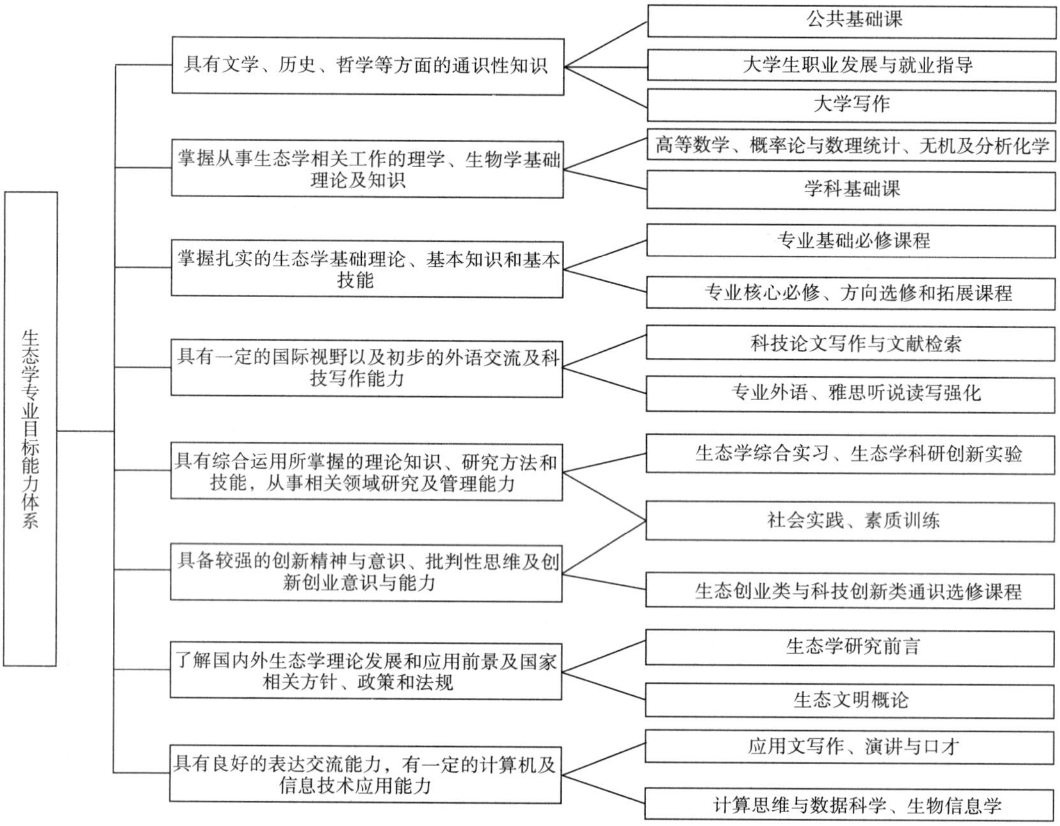

图 5-1　培养目标体系与课程体系映射关系

（四）专业优势

本专业自2010年开始招生，2020年成为国家一流专业建设点，是浙江省招生最早的生态学本科专业，拥有本硕博完整的人才培养体系，是浙江省“生态省”建设急需专业。在生态学浙江省一流学科（A类）、省部共建亚热带森林培育国家重点实验室、林学类国家级实验教学示范中心和天目山国家级大学生校外实践教育基地等平台的支撑下，拥有一支以国家级人才、浙江省特聘教授、省“151人才”和浙江省“海鸥计划”入选者为骨干的雄厚师资队伍，70%以上的教师具有海外学习和工作经历。毕业生培养质量和社会认可度较高，就业竞争力在全校所有专业中排名第二。

（五）招生情况

本专业招生情况如表5-1所示。

表 5-1　近三年本专业在浙江省招生录取分数

年份	科类批次	录取	最高分	最低分	平均分	选考课程	省控线
2019	普通平行批	23	594	589	591	物理或化学或生物	一段线595 二段线496

续表

年份	科类批次	录取	最高分	最低分	平均分	选考课程	省控线
2020	普通平行批	13	607	590	593.4	物理或化学或生物	一段线 594 二段线 495
2021	普通平行批	37	596	578	581.3	物理或化学或生物	特控线 589 一段线 495

（六）具体方案

1. 业务培养要求

本专业学生主要学习生态学方面的基本理论、基本知识，受到基础研究和应用基础研究的科学思维和科学实验训练，具有较好的科学素养，掌握现代生态学理论和计算机模拟等实验技能，初步具备教学、研究、开发和管理能力。

2. 毕业生应获得以下几方面的知识和能力

（1）掌握数学、物理、化学等方面的基本理论和基本知识；

（2）掌握现代生态学的基本理论、基本知识、基本实验技能和生态工程设计的基本方法；

（3）了解相近专业的一般原理和知识；

（4）熟悉国家环境保护、自然资源合理利用、可持续发展、知识产权等有关政策和法规；

（5）了解生态学的理论前沿、应用前景和最新发展动态；

（6）掌握资料查询、文献检索及运用现代信息技术获取相关信息的基本方法，具有一定的实验设计，创造实验条件，归纳、整理、分析实验结果，撰写论文，参与学术交流的能力。

生态学专业发展前景或是比较好的，我国对生态文明建设与生态环境保护越来越高度重视，生态学专业大学毕业生可从事生态农业发展、生态工程的设计方案和基本建设工作，地区农牧业开发设计的整体规划、设计方案、执行及管理方法工作等。

生态学专业学员关键学习培训生物学层面的基础知识、基础知识，遭受基础研究和运用基础研究的科学思维和科学试验训练，具备不错的科学知识，把握当代生物学基础理论和电子计算机仿真模拟等试验专业技能，基本具有课堂教学、科学研究、开发设计和管理水平。

6. 农业资源与环境

学制：四年　　授予学位：农学学士学位

（一）专业简介

农业资源与环境专业的使命是为了农业资源（土、水、气、肥）科学、合理、高效利用，使资源发挥最大效能，以获得高产、优质、安全的农产品，解决资源不合理利用带来的农业生态环境问题，推动绿色发展。本专业致力于培养掌握农业资源利用和生态环境保护的基本知识，具备专业核心技能的拔尖型人才。

本专业以国家教学质量标准和学校“三维一体”专业理念为指导，依托学科专业的办学优势，形成以下特色。一是注重学科与专业基础。融合学科和专业的“资源、环境和乡村”三维定位，围绕“农业资源和生态环境”开设课程，注重学生基本理论、基本知识和基本技能的培养。二是强化创新与实践能力。着力提升实践学时比例，改革实践教学模式，通过课程实践、课程群实践、专业综合实践以及课外教学的方式，全面锻炼学生实践能力。三是深化人才培养模式。紧跟国家与社会发展需求，注重学生的学术水平、实践应用、综合素质的培养，以“产学研”为抓手，以学科平台为基础，根据学生个性差异和差别化发展的需要设置课程体系，开阔学生的学术视野，培养科研兴趣，通过培育创新精神、提高创新能力来培养拔尖创新型人才。

（二）培养目标

本专业培养适应社会经济发展和现代农业建设需要，具有生态文明意识，德、智、体、美、劳全面发展，掌握农业资源利用与生态环境保护的基本知识和核心技能，具有“三农”情怀，服务乡村振兴，能在高等院校、科研院所从事相关教学和科研工作，在农林、国土、环保、水利、农资、肥料研发和生产、环境与农产品质量管理和检测等部门或企事业单位从事行政管理、技术开发、科技推广与经营管理等工作的拔尖创新型人才。具体有以下四个目标。

目标 1：具有可持续发展理念和生态文明意识，扎实掌握数学、物理、化学以及土壤学、植物营养学等基础知识。

目标 2：掌握土、水、肥和农产品等农业资源的分析测定和质量评价技术方法，掌握土壤、水分、肥料、农业废弃物等农业资源的高效利用和综合管理技能，具备针对农业生态环境的保护治理和规划管理能力，能有效运用相关知识解决复杂问题。

目标 3：具有创新意识和国际化视野，了解环境资源领域相关的国际前沿动态和国家重大科技需求，具有独立严谨的研究分析能力，能够参与国际交流与合作。

目标 4：具有团队协作精神、沟通交流能力以及终身学习能力，适应组织和社会的需要，实现个人可持续发展。

（三）核心课程

土壤学、植物营养学、土壤农化分析、地质地貌学、试验设计与统计（农业化学研究法）、资源与环境信息技术、植物生理学、环境学概论、微生物学、生物化学。

（四）专业优势

浙江农林大学的农业资源与环境专业 2007 年正式招生，2016 年获批为浙江省优势专业，2019 年成功获批国家级一流本科专业建设点。支撑学科“农业资源与环境”为浙江省一流学科、国家林业和草原局重点学科，具有本硕博完整培养体系，拥有 1 个省部共建国家重点和 2 个省级重点实验室、1 个省级本科实验教学示范中心、多个共建共享平台和校内外实践教学基地。在国家和省级千人计划人才、教育部高校教学指导委员会委员、全国优秀教师、省级教学名师等专家带领下，本专业建有“土壤学”省级教学团队和“土壤学”国家精品资源共享课。

（五）就业方向

毕业生可选择继续升学深造、报考相关领域公务员和事业单位。其适合在森林生态修复、森林资源规划与管理、经济林培育与加工利用、城市绿化与养护、林木良种基地建设、病虫害防治和农药残留检验检疫等领域从事教学和科学研究、产品开发和营销、行政管理等工作。

（六）具体方案

毕业生能力要求：

（1）具备扎实的数学、化学、外语、计算机、人文社科等基本理论和基本知识；

（2）掌握农业资源与环境的基本理论；

（3）掌握土壤改良技术，农业环境保护、生态修复与重建等方面的基本知识；

（4）掌握农业资源调查、环境质量评价，土壤农化分析与环境监测、植物营养研究方法、科学施肥与农田水分管理、农业再生资源综合利用、土壤调查与制图、资源信息管理等方面的方法与技术；

（5）具备农业可持续发展的意识和基本知识，了解农业资源与环境的科学前沿及发展趋势；

（6）熟悉我国农业资源利用与管理，环境保护的有关方针、政策和法规；

（7）掌握文献检索、资料查询的基本方法，具有一定的科学研究和实际工作能力；

（8）具有较强的调查研究与决策、组织与管理、口头与文字表达能力，具有独立获取知识、信息处理和创新的基本能力；

（9）具有较好的语言文字表达能力和良好的政治思想、专业实践、文化素养和健康身心素质。

本专业属于自然保护与环境生态类专业。环境生态专业，主要面向资源利用、生态保护与建设，适应农、牧、林、水、土地资源管理等行业生产建设需要。

7. 环境科学与工程

学制：四年　　授予学位：工学学士学位

（一）专业简介

本专业原名环境工程，2001年开始招生，2007年荣获省级重点建设专业，2019年改名为环境科学与工程专业。拥有环境科学与工程、农林环境与资源省级实验教学示范中心，具有本硕博完整培养体系。本科毕业生可进一步攻读环境科学与工程相关专业的硕博士研究生，适宜在环保、农业等政府部门从事环境管理工作，或在环保企业从事工程设计、施工运营管理及环境影响评价等工作。

本专业以区域社会经济发展特色、生态环境保护和人才市场需求为导向，紧扣学校人才培养理念，把思想政治教育和德、智、体、美、劳教育贯穿人才培养全过程。坚持以学生成长和发展为中心，明确学生毕业5年后应具备的基本素养和专业技能，对标工程教育认证标准，考虑专业特色，分解12项毕业要求，反向设计课程体系，明晰每一门课程与毕业要求指标点之间的支撑程度，实现毕业要求与工程教育认证标准的全覆盖。通识教育与专业教育深度融合，注重行业企业参与人才培养全过程，注重学生人文素养、国际视野、社会责任感和终身学习能力的培养。结合师资特点，突出实践教学，注重产学研协同育人，为切实培养高级应用型人才提供强有力支撑。

（二）培养目标

本专业旨在培养德、智、体、美、劳全面发展的，具有高度的社会责任感、良好的职业道德和心理素质修养、生态文明意识、较强的创新意识和团队精神，具备应用环境工程与科学的基本理论和专业知识，能综合解决经济较发达地区的城乡污水处理、水环境整治、固体废物资源化、生态环境修复等复杂工程问题的高级应用型人才。预期毕业5年后毕业生能够在环境工程相关企事业单位和政府相关机构独立从事工程设计与应用、技术开发与咨询、工程运行与维护等方面的工作，并成长为高级应用型人才。

根据区域社会经济发展特色、生态环境保护和人才市场需求，融合浙江农林大学“拔尖创新、高级应用、复合交叉”的人才培养理念，结合人才培养方案和毕业要求，将培养目标具体分解为以下四个目标点。

目标1：具有较强的生态文明意识，具备数学、自然科学、环境工程与环境科学以及相关农林业领域的知识素养及终身学习能力。

目标2：具有环境污染控制与治理的工程研究、工程技术开发设计、环境监测与评价、环境管理等专业技能，具备分析和有针对性地解决经济较发达地区的城乡污水处理、水环境整治、固体废物资源化、生态环境修复等复杂环境工程问题的能力。

目标 3：具备较强的创新意识、交流沟通能力、合作精神，具有一定的国际化视野，引领团队高效解决实际问题。

目标 4：具备人文与社会科学知识、正确的价值观、可持续发展理念、高度的社会责任感和良好的职业操守。

（三）核心课程

水污染控制工程、大气污染控制工程、固体废弃物处理与处置、物理性污染控制工程、环境影响评价、土壤污染修复原理与技术、环境规划与管理、环境工程技术经济学。

（四）专业优势

拥有环境科学与工程、农林环境与资源省级实验教学示范中心，具有本硕博完整培养体系。本科毕业生可进一步攻读环境科学与工程相关专业的硕博士研究生，适宜在环保、农业等政府部门从事环境管理工作，或在环保企业从事工程设计、施工运营管理及环境影响评价等工作。

（五）就业方向

毕业生可在环保、化工、冶金、能源、交通、轻工、医药、农业、军工等行业从事环境科学研究与工程设计、技术开发、环境质量管理等方面的工作。

（六）具体方案

1. 知识结构

（1）掌握专业必需的高等数学、大学英语、计算机基础及程序设计等基础理论知识；

（2）掌握专业必需的无机及分析化学、有机化学、仪器分析、大学物理等基本理论和实验技术；

（3）全面掌握环境科学概论、环境工程学、环境化学、环境监测、环境影响评价、环境微生物学、工程制图、环境信息系统等专业基础理论和实验技术；

（4）受到应用方法、开发性研究的基础训练，知识面广，有较强的实践能力，对本学科某些领域的发展趋势及其应用前景有所了解，具有分析、解决与生物科学有关的实际问题的能力；

（5）掌握一门外语，能够顺利地阅读本专业外文书刊，熟悉查阅文献和获取科技信息的方法；

（6）了解环境科学理论前沿、应用前景和最新发展动态，以及环境保护产业的发展状况。

2. 能力结构

（1）基本能力

具备运用辩证唯物主义的基本观点和方法去认识、分析和解决问题的能力；具备较强的语言及文字表达能力；具备运用外语进行简单会话，能够阅读本专业外语期刊，并具有一定的听、说、读、写、译能力；具备利用计算机常用软件进行文字和信息处理的能力；具有掌握新知识、新技术的自学和继续学习及自主创业的能力；具有自尊、自爱、自律、自强的优良品格和人际交往及企业管理能力；具有对药品新资源、新产品、新技术进行研究、开发和设计的初步能力。

（2）专业能力

掌握环境监测和环境质量评价的基本理论和基本方法，具有从事环境监测和环境影响评价工作的能力；掌握环境污染控制与环境工程基本原理和设计方法；熟悉环境管理、环境规划、环境保护知识和环境教育法规，具有从事环境管理、环境科学教学和环境保护宣传工作的基本能力；掌握清洁生产审核、环保工程监理等专业技能能力；职业技能达到国家有关部门规定的相应职业资格认证的要求或通过相关工种职业技能鉴定。

（3）综合能力

具有从事本专业相关职业活动所需要的方法能力、社会行为能力和创新能力；具备获取新知识、不断开发自身潜能和适应知识经济、技术进步及岗位要求变更的能力；具有较强的组织、协调能力；具备将自身技能与群体技能融合以及积极探索、开拓进取、勇于创新、自主创业的能力；具有良好的社会公德、职业道德和安心生产第一线、严格认真、求实守纪的敬业精神。

8. 地理信息科学

学制：四年　　授予学位：理学学士学位

（一）专业简介

地理信息科学（GIS）专业以现代测绘和地理信息系统、遥感、卫星导航定位等技术为基础，以地理信息开发利用为核心，培养具备地理信息获取、处理、管理、分析、系统开发与应用服务能力的专门人才。1996 年，《普通高等学校本科专业目录》中新增了地理信息系统专业，2012 年更名为地理信息科学专业。

本专业参考《普通高等学校本科专业类教学质量国家标准》，围绕《浙江农林大学关于 2020 版本科人才培养方案修订的指导性意见》，以立德树人为根本，以国家地理信息产业发展和“数字中国”建设需求为导向，以学生成长和发展为中心，按照“宽基础、厚实践、重应用”的人才培养理念，形成阶段递进、内外联动、本硕博相通的人才培养模式，充分融入互联网、人工智能、空间大数据等现代高新科学技术和农林特色内容，着力培养德、智、体、美、劳全面发展，具有生态文明意识、创新创业能力、视野宽广、发展潜力巨大的高级应用型人才。

（二）培养目标

本专业旨在满足国家地理信息产业人才需求，培养具有良好的道德与修养，遵守法律法规，具有社会和环境意识，掌握地理信息科学、资源与环境遥感、互联网、人工智能、信息大数据分析等理论基础、方法和技能，在地理空间数据的采集、处理、管理、分析、制图和地理信息应用服务与开发研究等方面具有较强实践能力和创新意识的高级应用型人才。毕业生能够在工作岗位上承担 GIS 专业相关的生产、管理、教育与研发任务，并在工作几年后成为业务骨干。具体目标如下。

目标 1：具有可持续发展理念和生态文明意识，具有扎实的数理基础，以及良好的地理学、地理信息科学、测量学以及自然资源管理等相关学科基础知识、方法和技能。

目标 2：具备地理信息类专业实践和专业综合应用能力，综合应用地理信息科学相关专业基础知识、基本理论和基本技能与自然资源调查与管理技术，具备扎实的地理空间信息获取、管理、分析与应用的能力，能够胜任与地理信息相关的空间分析的辅助决策、系统设计与开发、遥感信息处理以及相关科学研究等工作。

目标 3：掌握互联网、人工智能、大数据分析等现代数据分析与信息技术、具有定量分析空间数据的能力与地理信息开发应用服务能力，胜任将地理信息技术应用于农林业资源信息管理与分析工作。

目标4：具备资料调查与收集的能力，具有接受新知识、新理论、新技术的能力，具有创新意识和国际化视野，能以技术及科研骨干的角色与团队一起，开拓地理信息系统技术在农林业、城市建设、资源开发与利用等领域的创新应用。

（三）核心课程

地球科学概论、自然地理学、地理信息系统原理、遥感概论、遥感图像处理、地图学、GIS 空间分析原理与算法、GIS 设计与开发。

（四）专业优势

我校是浙江省第二个开设 GIS 专业的高校，2019 年获批建设省一流专业，是目前浙江省唯一一个省一流 GIS 专业。浙江农林大学 GIS 专业依托国家级林学一流学科与省级重点实验室，具有相关学科硕士和博士学位授予权，重点聚焦农林资源与环境 GIS 应用人才培养。毕业生广泛进入农林行业、自然资源管理、城市建设、土地勘测、教育等领域从事 GIS 相关工作，国内外深造发展空间巨大。

（五）就业方向

地理信息科学的毕业生主要就业方向有高校、交通运输、规划勘测设计、国土、矿业、水利电力、通信、农林、城市建设、旅游等国家政府部门或事业单位。本科毕业生一般在企业（如各类导航公司，大型 IT 公司的空间信息组、数据公司）、事业单位（如测绘局、各省级地理信息中心）从事技术开发、业务相关调研和设计工作。有些对理论研究有兴趣的毕业生会选择继续深造。

（六）具体方案

地理信息科学专业旨在培养具备地理信息系统与地图学的基本理论、基本知识、基本技能，能在科研机构和高等学校从事科学研究和教学工作，能在城市、区域、资源、环境、交通、人口、国土、基础设施和规划管理等领域从事与地理信息系统相关的应用研究、技术开发、生产管理和行政管理等工作的高级专门应用型人才；同时，构建知识、能力、人格“三位一体”的育人体系，培养具有社会责任感、创新精神、实践能力和国际视野的创新人才。

目前，地理信息科学积极吸收相关学科的最新成果，在原有基础上不断进行扩充和发展，已经逐步走出原来的研究范畴，与大数据、物联网、人工智能等技术密切联系，服务于各行各业，表现出了蓬勃的生机。在当前时代背景下，GIS 也对地理信息科学专业学生提出了更高的要求。它要求学生具备发现问题、解决问题的能力，同时更需要具有分析能力、创新能力和空间思维，以期实现地理信息科学在全空间信息系统中从地球空间到宇宙空间、从宏观空间到微观空间、从室外空间扩展到室内空间的无所不在的研究和应用。

随着国家各个部门信息化的推进，以及国内从事地理信息系统工程开发的高科技企业的增加和发展壮大，对该专业人才的需求将不断增大，缺口也将扩大。

信息革命的浪潮方兴未艾，信息社会正朝我们一步步走来，我国已将信息产业列入可持续发展战略。作为信息产业重要组成部分的地理信息系统产业，必将获得巨大发展。可以预见，未来的地理信息系统产业将为该专业学生提供更多现代化的、高收入的、令人羡慕的就业岗位。

近几年来，地理信息科学毕业生的就业方向在不断发生变化。早期的地理信息科学技术主要应用于政府部门，因此，学生就业主要在高校、交通运输、规划勘测设计、国土、矿业、水利电力、通信、农林、城市建设、旅游等国家政府部门或事业单位。随着地理信息产业的发展，越来越多的企业，尤其是互联网公司的强势介入，学生就业转向高新的企业单位。

9. 测绘工程

学制：四年　　授予学位：工学学士学位

（一）专业简介

浙江农林大学测绘工程专业于2011年首届招生，是浙江省第一个开设的、浙江省唯一拥有国家虚拟仿真实验项目的测绘工程本科专业。

本专业设置遵循《普通高等学校本科专业类教学质量国家标准》《测绘工程专业规范》《测绘工程专业认证标准》，围绕"立足浙江测绘行业需求、服务全国地理空间信息产业"的专业发展目标，以自然资源智能化测绘、现代城市智慧化管理和国土空间数字化规划的人才需求为导向，以综合素质教育和实践能力培养为中心，遵循"厚基础、强实践、重应用"的育人要求，着力培养具有生态文明意识和创新创业能力、具备测绘科技基础知识和科学素养、掌握"3S"现代测绘技术和地理空间数据智能处理能力的复合应用型人才。

（二）培养目标

本专业目标是培养德、智、体、美、劳全面发展，创新能力和创业意识良好，社会责任感强，能满足国家建设需要和适应测绘科技发展的一流本科人才。该人才具备良好的基础科学理论、人文素养和国际视野；掌握地理空间信息获取、处理、分析、表达与应用的素质和能力；能在自然资源与规划、农林水利、建筑交通、信息网络、城市建设和房地产管理等企事业单位任职，能胜任测绘领域的生产设计和研究开发的复合应用型人才。

本专业期待学生毕业后5年左右达到以下目标。

目标1：具备扎实的人文社科基础知识，文案工作能力良好，能熟练完成项目招投标文书、实施计划书和成果报告。

目标2：具有国际化视野和良好的科学素养，熟悉新技术动态，能解决测绘工程实践的复杂问题和总结其科学问题。

目标3：掌握现代测绘技术的理论和技能，成为单位或部门的技术骨干或管理人才。

（三）核心课程

测绘学概论、误差理论与测量平差、地图制图学基础、数字测图原理与方法、大地测量学基础、摄影测量学基础、GNSS原理及其应用、工程测量学、遥感原理与应用、地理信息系统。

（四）专业优势

浙江农林大学测绘工程依托国家重点实验室、浙江省林学一流学科（A类）、浙江省重点实验室和省级重点实验教学示范中心，与浙江省自然资源厅、浙江省地理信息产业园等共建实习基地；具有农林资源测绘教育特色；具有相关学位点硕士学位和博士学位授予权。

（五）就业方向

测绘工程专业从业方向如下。

大地测量从业领域：该专业方向的毕业生可在国土资源相关部门、海洋、航空航天部门、测绘部门、地震地质部门或单位等从事技术与管理工作，也可以在政府部门、教学和科研单位从事相关工作。

工程测量从业领域：该专业方向的毕业生可在城市建设规划与管理、交通（包括公路、铁路与水运）、国土与房产、工业企业、海洋、建筑、水利、电力、石油、冶金、国防、测绘、工程勘察、城市与企业信息管理等部门，从事测绘及相关信息工程的规划、设计、实施与管理工作，也可以在政府部门、教学和科研单位从事相关工作。具有就业面广、适应性强、社会需求量大等特点。

摄影测量从业领域：可从事数字测绘和国家基础地理信息建设、应用与开发，以及在航天航空、农业、环境、交通、军事、国土资源管理、规划等相关领域中测绘信息的获取、处理和应用。

卫星应用从业领域：该专业方向的毕业生可在测绘相关部门、航空航天部门、导航系统设计制造单位、卫星定位导航技术开发应用单位等从事技术与管理工作，也可以在政府部门、教学和科研单位从事相关工作。

（六）职业规划

1. 专业职业生涯规划的构想

本专业职业生涯规划的特点和侧重点如下：

测绘工程专业是一门对空间信息进行采集、处理、分析、表达与应用的专业。未来，随着航空航天、物联网、5G、人工智能、自动驾驶、大数据、云计算、虚拟现实（VR）等技术的发展，测绘工程专业将迎来更大的发展空间。高科技测绘手段的出现一方面给测绘工作提供了先进的工具，另一方面也对测绘专业提供的时空信息提出了更高的要求。因此，未来测绘工程专业将是高度自动化、智能化的信息采集、加工、处理、表达与应用的学科。对掌握现代高科技测绘技术的人才需求更加迫切。本专业职业生涯规划的特点和侧重点是让本科生能够在牢固掌握专业知识的同时提升各方面能力，并在此过程中，正确认识自我，逐步找到切合自身兴趣的就业方向。

2. 结合专业的就业指导

测绘工程专业主要是利用空、天、地等对地观测技术获取地球空间信息，研究与地球空间分布有关的各种几何、物理、人文及其随时间变化的信息处理、分析、表达与应用的科学与工程技术问题的一门学科，属于当今世界最具发展前途的三大高新技术之一。测绘工程专业就业领域广泛，毕业生社会需求量大，就业质量高。近年来，伴随信息科技革命，出现了无人机测绘、卫星定位、卫星遥感、智慧城市、时空大数据分析等现代测绘技术，测绘焕发出新的生命力，测绘工程专业毕业生也将拥有更加广阔的就业前景。

10. 木材科学与工程

学制：四年　　授予学位：工学学士学位

（一）专业简介

本专业设立于1988年，经过30余年的发展，现为国家一流本科专业建设点、国家特色专业、首批国家卓越农林人才教育培养计划试点专业、浙江省优势专业，于2018年通过国际木材科学与技术学会（SWST）专业认证，是浙江农林大学历史最悠久、特色最鲜明、综合实力最强的品牌专业之一。专业依托浙江省“一流学科（A类）”林业工程学科，以国家木质资源综合利用工程技术研究中心、浙江省木材科学与技术重点实验室等高水平平台为支撑，在生态材料开发与产品智能制造等领域形成具有鲜明的人才培养特色。毕业生能在木材及其复合材料领域胜任科学研究与技术开发等工作，并经过充分发展成为该行业的学术精英与技术骨干。

（二）培养目标

本专业旨在培养德、智、体、美、劳全面发展，掌握木材、木质复合材料及生物质材料的结构、性能、加工利用基础理论和专业知识，具备进行木材识别与保护、木质（生物质）材料生产、木质（生物质）产品与家具的设计与现代化加工技术和组织管理的基本能力，具有生态文明意识、创新精神和创业能力，能在木材和生物质复合材料加工企业，家具制造企业，建筑装饰公司，房地产开发企业，海关商检等单位环保型、功能型材料及产品研发，智能化生产管理，信息化市场营销，品质检测等方面发挥引领作用的拔尖创新型人才。

本专业期待学生毕业5年左右达到以下目标。

目标1：成为本领域的学术精英，能有效运用本专业知识和技术研究并解决木材及其相关领域复杂学术问题。

目标2：成为本行业的业务骨干，自身具备较强的专业能力，能在多学科背景的团队中担任领导角色。

目标3：具有一定的国际视野和终身学习能力，能够为本单位的发展作出重要贡献。

目标4：具有良好的职业道德和社会责任，有意愿并有能力为社会服务。

（三）核心课程

木材学、木材干燥学、胶合材料学、木质产品制造装备、人造板工艺学、人造板工艺学生产规划设计、木材切削原理与刀具、工业企业管理、生产实习。

（四）专业优势

本专业以立德树人为根本，坚持知识传授与价值引领相结合，将“绿色材料、环境保护、可持续发展、科学家精神”等理念贯穿于育人全过程，重视学生全面发展和终身发展。在严格遵循教育部林业工程类专业人才培养标准的基础上，设置“生物材料制造”和“产品智能制造”两个专业方向，形成“专业基础平台+专业方向模块”的课程特色，建成面向木材及其复合材料设计、加工与应用等相关产业发展急需的新工科课程体系。围绕“政、产、学、研、用”五方协同构建育人机制和培养模式，强化学生实践能力与创新精神的培养，实现社会发展、产业繁荣与人才培养三者统一。在 SWST 专业认证体系框架下，积极拓展学生的国际视野和跨文化交流能力，全方位提升学生的国际竞争力。

（五）就业方向

木材科学与工程专业的毕业生能在木材工业（包括人造板）、生物质复合材料、家具制造、室内装饰工程等领域的企业、设计院、科研院所从事木材加工、家具设计制造、工程设计、工艺流程和设备管理、新产品开发、经营管理、木业贸易等工作。

（六）招生情况

近三年本专业在浙江省招生录取分数如表 10-1 所示。

表 10-1　近三年本专业在浙江省招生录取分数

年份	科类批次	招生类别	招生专业	录取	最高分	最低分	选考课程
2019	普通类提前录取	三位一体	木材科学与工程	20	602	551	物理或化学或生物
	普通类平行录取	平行志愿	木材科学与工程	33	603	587	物理或化学或生物
2020	普通类提前录取	三位一体	木材科学与工程	20	597	561	物理或化学或生物
	普通类平行录取	平行志愿	木材科学与工程	43	598	588	物理或化学或生物
2021	普通类提前录取	三位一体	木材科学与工程	20	587	542	物理或化学
	普通类平行录取	平行志愿	木材科学与工程	46	588	573	物理或化学

（七）职业发展

木材科学与工程专业培养具有木材、木质复合材及相关材料科学理论以及家具设计与制造、室内设计与装饰工程的专业知识和技能。学生本科毕业后可继续攻读硕士、博士学位，也可承担工程技术、产品开发、科研、教学、经营和管理等工作。

（八）具体方案

1. 一年级——生涯认知、自我探索阶段

毕业生进行自我探索，包括性格、价值观、职业兴趣、职业能力、职业技能等，真正认识自己，了解自己的优势和不足、了解自己的职业兴趣。根据自我探索的结果，进一步了解职业、职位以及具体要求。进入大学后，需要更广泛地获取专业以外的各种信息，如科技发展的成果、文化的发展动态以及存在于文学和哲学的各种思潮和观念等，以此拓宽知识面，增长见闻，博采众长，从中获得更多的启迪进而产生更好的想法，在漫长的职业生涯中也会受益无穷。

2. 二年级——环境探索、方向锁定阶段

从某个行业入手，逐渐对该行业深入了解。最终通过分析筛选锁定职业目标，对锁定的职业目标进行全方位的分析。根据霍兰德人格类型理论中的适配性、一致性和区分性特征，对最终选择的职业进行入职科学的分析、匹配。根据职业匹配的结果，设计自己的职业生涯规划。

3. 三年级——生涯发展、素质提升阶段

大学三年级是至关重要的一年，也是个人素质全面提升的黄金期，这一阶段最重要的是专业技能的输出和实战操练。这一年的训练目标是知识的整合应用和勤加练习，同时提升自己的通用能力，如学习方法、思维方式、沟通交流能力等。

4. 四年级——调整、适应、转换阶段

经过前三年的历练，大学四年级要做出关键的选择：工作或者读研深造。在做好选择后，就要坚定不移地去执行，给自己设定中长期目标。制订求职方案以及求职行动指导：职位信息网络分析、求职渠道网络分析、金牌个性简历、求职信指导、求职技巧指导。专业技能的关键并不在于专业的好坏，个人的努力才是至关重要的因素，学校和资源仅是锦上添花，更在于大学四年计划的制订和执行情况。

11. 家具设计与工程

学制：四年　　授予学位：工学学士学位

（一）专业简介

家具设计与工程专业起源于 1996 年开设的木材加工（家具设计）专业，2000 年更名为木材科学与工程（室内与家具设计），2021 年更名为家具设计与工程专业。该专业以国家木质资源综合利用工程技术研究中心和浙江省一流学科（A 类）林业工程为依托，遵循“新工科”理念，适应大家居行业和《中国制造 2025》转型升级对人才的需求，融合技术与艺术、材料与设计、传统产业与智能制造，在全国同类专业中特色鲜明。积极拓展学生的国际视野和跨文化交流能力，全方位提升学生的国际竞争力。

（二）培养目标

本专业旨在培养德、智、体、美、劳全面发展，具备良好的科学素养、文化素质和高度的社会责任感，积极践行和弘扬社会主义核心价值观，掌握家具设计、家具材料、家具工艺、智能制造以及信息化管理等基本理论和创新设计能力，能够在企事业单位、专业设计部门、科研单位从事家具设计与研发、家具工程与技术、家具智能制造、家具信息化管理以及市场营销等工作的高级复合应用型人才。

本专业学生预期毕业 5 年左右达到以下目标。

目标 1：成为家具设计与工程领域的精英，能有效运用本专业知识和技能解决家具设计与工程领域复杂工程和设计问题。

目标 2：成为本行业的业务骨干，具备较强的专业能力，能够在家具设计与工程环节体现创新意识，提出与工程相关的设计解决方案。

目标 3：具有一定的国际视野和终身学习能力，能够为本单位的发展作出重要贡献。

目标 4：具有良好的职业道德和社会责任，有意愿并有能力为社会服务。

（三）核心课程

家具设计、家具材料学、家具结构设计、家具造型设计、数字化设计技术、木家具制造工艺学、家具智能制造技术、家具工业工程。

（四）专业优势

本专业遵循“新工科”理念，融合技术与艺术、材料与设计、传统产业与智能制造，坚持课程链与大家居产业链的融合，坚持多方协同、产教融合与复合应用交叉并举的人才培养模式。课程设置紧跟社会经济发展和行业需求，注重实践创新平台的构建，开设各类创新训练基地和“校企实践班”，突出学生设计思维、创新精神和实践能力的培养，将“健康家居、中国传统文化、审美素养”等理念贯穿于育人全过程，以知识传授、能力培养、素质提高为培养架构，加强与行业的合作与交流，构建结构合理、特色鲜明的实践教学协同培养体系，突出学生创新精神、创业思维和实践能力的培养。

（五）就业方向

家具设计与工程为学校特色专业，原为木材科学与工程（室内与家具设计）专业，属于林业工程一级学科，有对口的行业依托，市场需求量大。毕业生可在家具设计与工程相关领域从事设计、管理、制造和营销等工作，如圣奥集团、顾家家居、索菲亚等行业知名企业，也可在科研院所和高校从事科研与教学等工作。本科毕业生可选择家具设计与工程、林业工程、设计学等学科方向继续考研深造或者出国留学，如江南大学、北京林业大学等。近年来，学生出国留学的主要国家有美国、加拿大、意大利和英国等，如得克萨斯大学奥斯汀分校、米兰理工大学、英国诺丁汉特伦特大学等。

（六）招生情况

近三年本专业在浙江省招生录取分数如表 11-1 所示。

表 11-1　近三年本专业在浙江省招生录取分数

年份	科类批次	招生类别	招生专业	录取	最高分	最低分	选考课程
2019	普通类提前录取	三位一体	木材科学与工程（室内与家具设计）	20	599	569	物理或化学或生物
	普通类平行录取		木材科学与工程（室内与家具设计）	37	598	590	物理或化学或生物
2020	普通类提前录取	三位一体	木材科学与工程（室内与家具设计）	20	597	563	物理或化学或生物
	普通类平行录取		木材科学与工程（室内与家具设计）	36	596	590	物理或化学或生物
2021	普通类平行录取		家具设计与工程	64	586	575	物理或化学或生物

（七）职业发展

家具设计与工程专业毕业生要求具备家具设计与制作专业的基础理论，具备专业技术的综合应用能力和一定的工作创新精神；具有良好的审美能力、家具设计和生产制作实操能力。

就业岗位涉及产品设计、新产品研发、生产工艺设计和木工机械设备生产操作、检验、管理，家具等木制品产品营销等。为了适应市场需求，增加学生就业概率，在培养过程中，要根据行业发展变化及时增减课程、教学实践环节。

（八）具体方案

1. 一年级——自我认知、生涯探索阶段

了解和适应大学，正确认识自我。通过新生专业教育和《专业导论》课程，了解家具设计与工程专业的特点、培养目标和培养方案。应积极参与各类社团和学生活动，提高人际交往能力、合作协调能力，及早制定大学四年的短期目标、中期目标和长期目标，对大学四年进行初步规划。初步了解与本专业对口的职业和自己未来想从事职业的特点、发展方向、职业要求。

2. 二年级——夯实基础、提升素质阶段

经过大学一年级的迷茫和彷徨，对于大学生活、学习等方面均有一个比较深的感性认识和体验。最初进入大学的“悬空目标”或者目标消失，这个时候需要重新梳理和确立。认清角色，找准定位，明确自己的专业方向。经过一年的专业熏陶和接触，对于自己的专业应该有一个初步的印象，如发展前途、趋势等。这将是自己未来职业生涯的重要步骤，即接受和喜欢自己的专业。本阶段的就业指导要通过职业生涯设计指导、学业指导和心理健康教育指导，使大学生切实了解社会的要求，初步确定自己的职业发展方向并为之努力。

3. 三年级——生涯发展、方向锁定阶段

三年级的学生逐步趋于成熟，自我意识强，开始关心就业和考研的情况，渴望了解本专业相关的行业发展情况。明确职业发展目标，根据职业发展目标的不同，进行有针对性的准备，帮助学生正确处理好考研和就业两者之间的关系，了解企业的用人标准，优化自己的知识结构。可利用寒暑假积极到相关企事业单位进行就业实习，在实习中不断强化自己的能力，掌握各个岗位要求的技能，有针对性地提升沟通能力、抗压能力、协调能力等，对行业发展进行切身体会，积累从业经验。

4. 四年级——厚积薄发、实现目标阶段

大四是学生求职的最后阶段，通过宣传就业政策、就业形势和就业工作流程，掌握获取职业信息的渠道，使学生了解就业政策，认清当前的就业形势，树立合理的就业期望值。引导学生从“事业发展、地理位置、工作待遇”等方面结合自己的实际情况综合确定自己的就业意向。需要明确自己须强化和拓展的就业技能，有针对性地进行专项训练。坚持引导学生从自身专业发展和个人事业发展的角度，将个人的人生追求和事业的发展紧密结合起来，强化求职技巧，进行简历制作、模拟面试等训练。积极参与校内外招聘会，提高面试能力。

12. 应用化学

学制：四年　　授予学位：理学学士学位

（一）专业简介

应用化学专业2006年开始招生，2019年入选浙江省首批一流专业建设序列，设有“分析与智能检测”和“生物质化学”两个专业方向。本专业拥有浙江省林业生物质化学利用重点实验室科研平台，拥有由省级优秀教师、省三育人先进个人、省“151人才”、省优秀青年科学家、“我心目中的好老师”等优秀教师组成的专业师资团队。本专业自2012年开始与美国拉玛大学、新加坡南洋理工大学、我国台湾静宜大学等学校签订交换联合培养协议，开展学分互认与暑假学术交流活动；与浙江省质检局、浙江省林业科学研究院、传化化工等企事业单位签订校外实习实训基地。学生在省大学生化学竞赛、挑战杯等省级以上学科竞赛中成绩斐然；研究生录取率居全校前列，毕业生专业素质和能力得到同行的广泛认可，近10年就业率在98%及以上。

（二）培养目标

本专业旨在培养德、智、体、美、劳全面发展的社会主义建设者和接班人，掌握丰富的化学基本知识、扎实的基础理论和娴熟的实验技能，具备良好的科研素养、创新能力和实践技能，具有国际视野和团队合作精神，既能在化学及其交叉领域从事生物质化学、分析与智能检测化学等方面的应用基础研究、技术开发、教育教学和管理工作的高级应用型人才，又具备攻读化学及相关学科研究生学位的基本素质和研究能力的创新拔尖型人才，同时具备发展成为优秀企业家和学者的综合素养。

（三）核心课程

无机化学、分析化学（仪器分析）、有机化学、物理化学、高分子化学、化工原理、精细化学品化学、有机合成化学。

（四）专业优势

本专业围绕分析与智能检测和生物质化学两个方向，按照具有创新精神和实践能力的高级应用型科技人才的人才培养定位，立足浙江，对接区域经济社会发展需求，为行业发展提供智力支撑。本专业人才培养以市场需求和提高就业竞争力为指导，对接生物质资源的精深加工及利用、农林等产品的分析与智能检测等产业链，融入AI智能分析，注重学生实践能力、创新能力的培养，旨在培养知识、能力、素质协调发展，具有国际视野，能够面向和引领未来的高级应用型人才。

（五）就业方向

应用化学专业培养具有坚实应用化学理论基础，具有较高外语水平及较强计算机应用能力，能够适应从事精细化工、有机合成、生物化学、生物化工、药物合成及环境保护等相关专业。从业方向包括化学实验室技术员、事业单位人员、公务员、化工工程师、销售代表、高中教师、科研人员等岗位，从事化学分析、化学技术应用等领域的工作。

（六）招生情况

本专业招生情况如表 12-1 所示。

表 12-1　近三年本专业在浙江省招生录取分数

年份	科类批次	招生类别	招生专业	录取	最高分	最低分	选考课程
2019	普通类提前录取	三位一体	应用化学	5	595	557	物理或化学或生物
	普通类平行录取		应用化学	29	595	585	物理或化学或生物
2020	普通类提前录取	三位一体	应用化学	10	591	572	物理或化学
	普通类平行录取		应用化学	28	594	587	物理或化学
2021	普通类提前录取	三位一体	应用化学	10	582	559	物理或化学
	普通类平行录取		应用化学	27	584	578	物理或化学

（七）具体方案

1. 一年级——生涯认知、自我探索阶段

采用多种方法引导大一学生提升自己的兴趣和技能，使学生更加深入准确地认识自己。在此基础上进行自我探索，为之后的生涯认知打好基础。首先，对新生进行入学教育和专业介绍，使学生对应用化学专业有一个全面的认识。其次，开展新生生涯导航、校友访谈等形式多样的职业生涯教育讲座，鼓励学生参加内容丰富的课外活动、加入社团、参与志愿活动和学生工作，锻炼综合能力。

2. 二年级——环境探索、方向锁定阶段

通过一年的学习和锻炼，二年级学生已对本专业有了基本的认识，并开始考虑自己今后的发展，因此应对学生进行全面的就业方向指导和行业分析，使学生对本专业就业方向有一个全面的认识，并通过多种渠道拓宽职业生涯视野，锁定就业方向。与此同时，鼓励学生参加招聘会或与职业生涯相关的活动，积极参加实习、暑期社会实践和志愿者活动，从中获得工作经验，在实践中进一步明确自己的职业方向。

3. 三年级——生涯发展、素质提升阶段

三年级对于大学生来说是十分重要的一年，此时学生基本已明确毕业去向，对于有就业需求的学生，一方面，进行就业指导培训，指导学生细化职业选择，通过访谈或心理辅导的方式帮助学生调整优化职业生涯规划，制订适合自己的就业方案；另一方面，为学生创造模拟面试、企业交流的机会，鼓励学生针对自身需要参加实习以及兼职工作，提升自身素质。同时，及时组织学生进行专业技能培训和相关证书的考试，以加强专业技能的培养，使学生在求职时更有竞争力。

4. 四年级——调整、适应、转换阶段

无论之前怎样规划和准备，当学生真正面对求职时，仍会产生迷茫和无助之感，因此要针对大四学生进行面试技巧、简历制作等相关培训。此外，鼓励学生多参加求职面试，积累经验。与此同时，针对该阶段的学生，心理辅导和沟通也是必要的，完善班级就业联络沟通体系，确保学生能及时准确地获得信息。

13. 高分子材料与工程

学制：四年　　授予学位：工学学士学位

（一）专业简介

本专业于2008年设立，源于木材科学与技术学科胶合材料方向，以胶黏剂和生物质材料为特色。本专业现依托国家木质资源综合利用工程中心、浙江省一流学科（A类）、浙江省木材科学与技术重点实验室等平台，拥有优质的师资队伍、高水平的学术研究和坚实的硬件条件。毕业生能在高分子材料的设计、合成、改性和加工成型等应用领域，从事技术开发、工艺设计、生产及经营管理等方面的工作，经过充分发展可成为本行业的学术精英、团队领导与技术骨干。

（二）培养目标

本专业旨在培养德、智、体、美、劳全面发展的，掌握坚实的自然科学基础、高分子材料与工程专业基础和人文社会科学基础知识，具有较强的计算机应用能力、语言表达能力、生态文明意识，具备分析和解决复杂的高分子材料工程问题的能力，能在材料与化学工业及其相关领域从事新材料和新技术的研发、生产技术和过程控制、材料应用及经营管理等方面工作的具有创新创业能力的高素质复合交叉型人才。

本专业预期学生毕业5年左右达到以下目标。

目标1：具有能够运用本专业知识来分析和解决复杂的高分子材料工程问题的能力。

目标2：具有从应用目标出发对高分子材料进行成本、工艺、环保、性能和效益综合评估及材料选用的能力。

目标3：能够灵活运用相关理论并勇于从事岗位工作中的产品提升、工作改进。

目标4：具有全球化视野和熟练把握所从事行业的发展特点和趋势的能力。

目标5：具有终身学习能力，能够不断提升自身的知识结构、技能和素质。

（三）核心课程

高分子化学、高分子物理、聚合物加工工程、聚合物材料、胶合材料学、生物质材料、高分子材料研究方法、聚合物合成工艺学。

（四）专业优势

本专业全面贯彻党的教育方针，落实立德树人根本任务，遵循高等教育发展和人才成长规律，将“生态文明、科技强国、自然哲学、材料与国防”等理念贯穿于育人全过程。紧密对接行业发展趋势和社会经济发展对人才的需求，并结合自身特点，围绕高分子材料合成和改性，高分子材料分析研究、配方设计及成型加工技术，生物质高分子的制备与应用等方面，增设了材料先进制造技术、智能材料、产品信息管理等课程，构建了突出新工科、产教融合、课程思政和专业特色的培养体系，通过实习基地建设，着力培养学生的生态文明意识、创新精神、创业能力和国际交流能力。

（五）就业方向

高分子材料与工程专业学生毕业后可在各种材料的制备、加工成型、材料结构与性能等领域从事科学研究与教学、技术开发、工艺和设备设计、技术改造及经营管理等方面工作，在科研、教学、企业等从事相关工作。

（六）招生情况

本专业招生情况如表 13-1 所示。

表 13-1　近三年本专业在浙江省招生录取分数

年份	科类批次	招生类别	招生专业	录取	最高分	最低分	选考课程
2019	普通类提前录取	三位一体	高分子材料与工程	15	604	562	物理或化学或生物
	普通类平行录取		高分子材料与工程	25	597	587	物理或化学或生物
2020	普通类提前录取	三位一体	高分子材料与工程	15	590	561	化学
	普通类平行录取		高分子材料与工程	14	593	588	化学
2021	普通类提前录取	三位一体	高分子材料与工程	10	583	550	化学
	普通类平行录取		高分子材料与工程	9	585	580	化学

（七）具体方案

1. 一年级——生涯认知、自我探索阶段

很多学生对社会了解不深，对本专业也不是很了解，甚至完全不了解。在大一年级，同学们最主要的任务是弄清楚自己要学习和从事的是一个怎样的专业。本阶段除了要认真学习专业课、积极参加锻炼之外，要明确自己的兴趣、能力和职业价值观，厘清自己的不合理信念，认识自己的“短板”，厘清职业发展的迷茫和困惑，找到职业和生活的最佳平衡点。还应该积极参与就业指导类活动，专业老师和就业指导中心老师密切配合，充分挖掘资源，将本行业知名的经理人、校友请进校园与学生进行亲密接触，让学生耳濡目染，通过学习成功的榜样，树立学习信心和加强专业认同感。

2. 二年级——环境探索、方向锁定阶段

专业了解、社会初识之后，大二阶段，要开始审视自己，探索自己的特点和专业发展的匹配度和契合点。本阶段，对于自身今后发展方向的定位处于摸索阶段，要通过职业生涯规划课、专业的职业测评工具、经验交流，让学生对自己有一个更加全面的认识，特别是自己与本专业的匹配要有一个比较清楚的认识。本阶段，可以让大二学生参与专业实习，感受行业氛围。如一旦确定了毕业后从事研发类岗位，请尝试一周 70 个小时做实验、看文献。通过积极参与各种活动等方式帮助学生正确地认识自我，进行初步的职业生涯规划。在这个阶段，要鼓励同学们积极参与各种能力提升类活动，并在这个过程中，更加清楚地了解自己适合从事什么职业、能从事什么职业。

在确定职业目标时应注意四个问题：一是认识自己的能力；二是认清自己所处的地位；三是量力而行，符合实际；四是努力付诸实施，多一些实践探索，增加对工作世界的体验和认识。

3. 三年级——生涯发展、素质提升阶段

在探索自我、探索外部世界、了解专业之后，大三阶段，要进一步学好专业知识，优化自己的知识结构，同时，要清楚自己的职业发展方向所要求的个人素质，并有针对性地进行训练和提升，这些素质包括沟通能力、抗压能力、协调能力、职业品质等。同时，要鼓励同学们利用寒暑假，积极进行社会实践和实习，对行业发展进行切身体会，积累就业经验。

4. 四年级——调整、适应、转换阶段

大四是学生求职的最后阶段，也是求职工作出现成果的阶段。在职业实现阶段，学院就业指导中心，要强化求职方法和技巧的培训，并多引入企业校园招聘笔试和面试会，另外发挥辅导员与班主任的作用，对每一个毕业生进行一对一的谈话和引导，对于困难学生尽一切努力给予帮扶。同时，还要帮助学生降低期望，合理定位，实现成功就业。

14. 园　林

学制：四年　　授予学位：农学学士学位

（一）专业简介

园林专业培养具备植物学、生态学、园林植物与观赏园艺、园林规划设计和园林工程等方面的基本理论、知识和技能，能在城市建设、园林、林业等领域和部门从事城镇各类园林绿地、风景区等的规划、设计、施工、园林植物繁育栽培及管理的高素质应用型高级专门人才。

本专业以立德树人为根本，把思想政治教育和德、智、体、美、劳教育贯穿人才培养全过程，基于“新农科”发展要求，围绕《普通高等学校本科专业类教学质量国家标准》和专业认证标准，紧密结合学校发展愿景、学科发展前沿和园林行业发展需求，基于浙江区域优势，进一步深化创新创业教育。完善园林专业理论与实践教学体系，强化园林植物、园林规划设计、园林工程以及人居环境建设等方面的综合应用，彰显园林专业培养特色。

（二）培养目标

本专业基于“新农科”和园林行业发展要求，培养德、智、体、美、劳全面发展，关注生态环境安全与人居环境质量，了解园林行业发展的前沿动态，具有生态文明与可持续发展意识、创新精神和创业能力，具备扎实的专业理论基础，能够应对和解决园林植物生产与应用、园林规划与设计、园林施工与管理等专业领域的技术问题，毕业后可以在园林和城乡建设相关的政府部门、企事业单位、科研院校等从事园林植物培育、园林规划设计、科学研究、建设、管理等工作的创新型人才。

（三）核心课程

园林树木学、园林花卉学、园林规划设计、植物景观规划设计、园林工程、园林建筑设计、园林植物遗传育种学、园林植物栽培与管理、园林生态学。

（四）专业优势

浙江农林大学于 1985 年创办园林专业（浙江省首批），是我国较早开设该专业的农林院校之一。园林专业围绕生态文明建设、美丽中国、乡村振兴等国家战略，服务人居环境建设和园林产业发展，立足浙江、面向全国，依托学校“人居环境”“农林”“生态”学科优势，培养具有园林植物生产与应用、园林规划与设计、园林建设与管理等方面知识和技能的创新人才。园林专业2003年被列为浙江省重点建设专业，2009年、2012年分别获批国家特色专业、浙江省优势专业，2013年成为教育部“十二五”专业综合改革试点专业，2019年获批浙江省“一流专业”。专业支持平台主要有浙江省“十三五”省级重点建设实验教学示范中心、浙江省园林植物种质创新与利用重点实验室、国家林草局南方园林植物种质创新与利用重点实验室、浙江省重点培育智库——浙江省乡村振兴研究院、浙江农林大学园林设计院以及省部级产业联盟4个，校内外实践基地40余个。当前教师队伍博士率80%，硕导博导占76%，双师型教师占20%，具有海外经历的教师占40%。省级以上名师及人才10人。

（五）就业方向

毕业生可在城建部门、园林部门、科研机构、大专院校等企事业单位从事城市绿地系统，各类公园、风景区、工矿区、庭院的规划设计、施工、管理以及园林植物的繁育、花卉生产等教学研究、设计等工作。

（六）招生情况

本专业招生情况如表14-1所示。

表14-1　近三年本专业在浙江省招生录取分数

年份	科类批次	招生类别	招生专业	录取	最高分	最低分	选考课程
2019	普通类	三位一体	园林（三位一体）	30	615	570	不限
		平行录取	园林	33	613	603	不限
2020	普通类	三位一体	园林（三位一体）	25	597	568	不限
		平行录取	园林	35	627	599	不限
2021	普通类	三位一体	园林（三位一体）	20	609	572	不限
		平行录取	园林	62	619	587	不限

（七）具体方案

毕业生能力要求：

（1）具备扎实的数学、物理、化学等基本理论知识。

（2）掌握风景园林学、生物学、林学、建筑学、城乡规划学、设计艺术学学科的基本理论和基本知识。

（3）掌握风景名胜区规划、森林公园规划、城市绿地系统规划。各类园林绿地规划设计、园林建筑设计、园林工程设计、园林植物造景设计方法，掌握园林植物栽培，繁育及养护管理的技术。

（4）具有一定的绘画技法及风景园林表现技法，能应用艺术理论及设计理论对植物材料、自然景观进行艺术设计的基本能力和园林植物栽培繁育的初步能力。

（5）了解国内外园林学科的理论前沿、应用前景和发展动态。

（6）熟悉我国国土绿化、风景名胜区及森林公园建设、环境保护、森林资源及国土资源管理保护的方针政策和法规。

（7）掌握文献检索、资料查询的基本方法，具有一定的科学研究和实际工作能力。

（8）具有较强的调查研究和决策组织与管理、口头与文字表达能力，具有独立获取知识、信息处理和创新的基本能力。

随着经济的发展及人们生活水平的提高，环境的景观要求日益突出，这就对建筑企业、房地产开发企业、园林建设、市政工程等单位提出了更高的要求，要求设计出环境优美的景观及园林造型，以满足社会的需要。因此，景观设计类人才的需求将会大量增加。

15. 风景园林

学制：四年　　授予学位：工学学士学位

（一）专业简介

作为一门现代学科，风景园林学是在古典造园、风景造园基础上建立起来的新生学科。本专业以国家标准和专家指导性规范为基础，对标国内外一流高校，融入本校人居环境学科群的优势和特色研究方向的课程群，培养具有江南地域特色的风景园林领域拔尖创新型人才。

（二）培养目标

本专业重点培养立足江南、面向全国，以卓越创新人才培养为导向，适应国土和人居生态环境建设需求，培养具有良好道德品质，身心健康，掌握系统的规划与设计领域的基本理论、知识、专业技能和素质的拔尖创新型人才。继承和创新江南园林技艺，对接蓬勃发展的江南风景园林产业，引领地区产业发展，服务地方城乡风景园林建设。

本专业期待学生毕业后 5 年左右达到以下目标。

本专业旨在培养德、智、体、美、劳全面发展的，掌握风景园林领域规划与设计、工程技术与建设管理、园林植物应用、资源与遗产保护等方面理论知识、专业技能的拔尖创新型人才，毕业生可在规划设计机构、科研院所、管理部门、相关企业从事自然保护地、城乡园林绿地、国土与区域、城市景观、生态修复、风景园林建筑、风景园林遗产、旅游游憩等方面的规划、设计、保护、施工、管理及科学研究等工作，也可在本专业或相关专业继续深造。

（三）核心课程

风景园林规划设计原理、风景园林规划设计、风景园林建筑设计、城市绿地系统规划、中外古典园林史、园林生态学、国家公园与自然保护地规划、植物景观规划设计、风景园林工程、园林树木学。

（四）专业优势

本校风景园林专业源自设立于 1985 年的园林专业，1996 年开始招生，目前是国家一流本科专业建设点、浙江省特色专业，师资力量雄厚。本校设有风景园林学博士学位点和风景园林学、城乡规划学、建筑学等相关硕士学位点。

（五）就业方向

就业方向可选择园林、旅游类企业：园林规划、园林建设、景区建设、景观设计；政府、事业单位；园林保护，城市景观设计等工作。近三年平均就业率 91.39%，升学率超过 31%（31.42%）。

（六）招生情况

本专业招生情况如表 15-1 所示。

表 15-1　近三年本专业在浙江省招生录取分数

年份	科类批次	招生类别	招生专业	录取	最高分	最低分	选考课程
2019	普通类	三位一体	—	—	—	—	不限
		平行录取	风景园林	55	623	598	不限
2020	普通类	三位一体	—	—	—	—	不限
		平行录取	风景园林	55	610	598	不限
2021	普通类	三位一体	风景园林（三位一体）	5	588	577	不限
		平行录取	风景园林	70	602	588	不限

（七）具体方案

大学阶段是大学生走上社会的重要准备阶段，在这个阶段，职业生涯规划显得尤为重要，因为这将影响几年后的就业竞争力和未来的职业生涯发展力。根据大学不同时期的特点，将大学分为四个阶段：大一专业认知阶段、大二基础铸造阶段、大三技能提升阶段、大四总结融会阶段。

1. 一年级——专业认知阶段

这个阶段，需要对风景园林学科做一个充分的认识了解，包含其一级学科以及其下的六个二级学科，了解专业的前世今生和发展变化，还有风景园林所需要掌握的技能以及基本知识，有助于我们更好地规划接下来的学习及制定目标。

我们总结了以下五点来把握对专业的认知。

（1）专业介绍（二级学科分类介绍、专业的前世今生、主要涉及范围）

推荐论文《增设风景园林学为一级学科论证报告》《论风景园林学发展脉络和特征——兼论 21 世纪初中国需要怎样的风景园林学》。

（2）课程体系（总分模式，大一到大四）

推荐论文《学科质性分析与发展体系建构——新时期风景园林学科建设与教育发展思考》。

（3）专业竞赛（ASLA、IFLA、CHSLA、园冶杯、艾景奖、LA 先锋奖、省赛等）

（4）行业优秀公司（国内顶级设计院、大型景观公司、地产设计院）

（5）专业装备（合适的电脑）

【本阶段可以做的自我提升】

影视类：《苏园六纪》纪录片，大学生 MOOC 园林史部分。

书籍类：理论书籍：《风景园林概论》《设计结合自然》《街道的美学》。

设计书籍：《从概念到形式》《风景园林设计要素》。

实践项目：养成观察城市中各类绿地的习惯。

手绘类：《景观设计手绘——草图与细节》《手绘与发现》。

软件类：配置一个足够陪你奋斗的电脑是一件很重要的事情，大家需要对电脑配置有一个入门级的了解，推荐配置：九代/十代 i7 标压处理器+1066ti 及以上显卡。

2. 二年级——基础铸造阶段

在这个阶段，在基础已经打好的前提下，应进一步了解风景园林专业的各类知识，这个阶段的知识我们需要学习但不限于：尺度与空间、色彩的审美、园林的艺术性、场地设计、园林建筑、环境心理学、城市气象学、测绘学、园林中的植物与花卉等，这是一个充满求知欲的过程，你将会被各种知识所浸润。

【本阶段可以做的自我提升】

软件类：熟悉 CAD、SU、PS，此时需要掌握的必备技能就是熟练完成绘图软件的安装、激活与卸载。

书籍类：《中国古典园林史》《中国古典园林分析》《外国造园艺术》《植物造景》《美国大城市的死与生》《现代景观——一次批判性的回顾》。

手绘类：《手绘景观方案与细部设计》。

学术杂志：《风景园林》《景观设计学》《中国园林》。

竞赛准备：低年级的同学已经可以尝试与高年级同学合作，了解竞赛，为以后成为竞赛主力和作品集做准备。

3. 三年级——技能提升阶段

这个阶段的主题就是课程设计与竞赛，大家会逐渐熟练各个尺度和类型的景观设计，熟练掌握软件和大量学习案例就是这个阶段学习的主旋律。并且逐渐分化为两个方向：就业与考研。

由于目标方向的不同，寒假的任务也可以有所侧重，就业可以更偏重于实习实践以及技能的提升（软件应用），考研可以偏重于理论学习以及快题设计训练。

【本阶段可以做的自我提升】

课程类：熟练掌握使用 CAD、SU、PS 制图的逻辑，能够用软件表达自己的设计，学习并掌握平面图制作、效果图制作、分析图制作，在假期进行集训是一个提升的好机会，推荐团购正版课程，能够获得完整服务。

进阶软件：有余力的同学可以再进行软件的探索，推荐软件：lumion（动画制作）+PR（剪辑）、rhino（犀牛）、grasshopper（矢量图制作）、AI（分析图制作）、ID（排版）、GIS（地理数据信息处理分析）。

考研书籍类：《风景园林工程》《景观都市主义》《图解景观生态学原理》《现代景观规划设计》《西方现代景观设计的理论与实践》。

案例学习：大量一线景观公司的公众号，如张唐、奥雅、SWA、EDAW、Sasakid、易兰等。

考研必备：寒假进行快题设计的学习是非常有必要的，尤其以快题思维的建立为主，大量针对性练习可以放在暑期集训。

院校信息：准备考研的同学在这一阶段已经开始择校，考研择校是考研前期最重要的阶段之一，此时拥有丰富的院校信息很重要。

就业准备：通过各种渠道尝试去实习（老师/熟人推荐，自己在招聘 App 投简历等），了解工作内容，自己是否适应这个行业，为最终就业做积累。

4. 四年级——总结融会阶段

在这个阶段，大家的目标已经非常清晰明了，就是毕业设计和作品集，希望能把之前所学知识完成一次完整的应用，学会大量阅读论文资料。作品集是之前岁月的积淀，可以是你的课程设计或竞赛作品，在秋招、春招、实习、复试中都有着不可或缺的作用，拿出一份出色的作品集是此时最重要的目标。

本阶段主要方向基本已明确，即升学或就业。但无论是升学还是就业，作品集都是必须准备的，所以建议大家好好做毕业设计作品，这是我们大学心血的一部分，也是我们对自己专业知识的交待，更重要的可以拿来竞赛，成为我们作品集中的亮点。

【本阶段可以做的自我提升】

课程类：完成作品集制作和毕业设计的制作缺少不了软件的帮助，软件未能熟练和对作品集不了解的同学在假期进行集训是一个好的选择。

行业信息：在求职阶段充分了解景观行业的现状，有哪些一线公司及分公司，提前确立目标，关注校招消息。

调剂信息：一般情况下，3—4 月开始大量出现，建议重点关注 B 类地区以及农学、林学的一些专业。

书籍类：考研复试依然需要扎实的基础理论功底，拓展读物：《人性场所：城市开放空间设计导则》《参与性景观》《街道是谁的》。

16. 环境设计（园林艺术设计）

学制：基本学制四年，弹性学制三年至六年
授予学位：艺术学学士学位

（一）专业简介

环境设计（园林艺术设计）专业旨在培养从事景观环境创意设计的复合交叉型人才。

本专业立足本校办学理念、生源特点，依托风景园林、设计学、建筑学、城乡规划及旅游管理多个学科有效集约搭建的“大设计”共同平台，培养学生跨学科的全局视野，独立思考与研究的能力，面对复杂、不确定情境的创新和开拓精神；深耕生态艺术领域，延承江南地域园林人文精神，注重人与自然关系的整体把握；着重培养学生在园林景观设计、建筑和公共设施设计、综合材料设计等特色领域的艺术设计创新思维能力；以产出为导向，在教学中融合实践，关心学科前沿，能应对政策和社会变革对专业提出的新需求。

（二）培养目标

本专业旨在培养德、智、体、美、劳全面发展，能执行社会主义有关文艺方针、政策及法规，具备人居环境的宏观概念、设施和规划设计的基础技能、环境创意的思维能力与创新素养，可统筹城市与乡村住区环境设计与建筑室内外环境设计及与建筑内外环境相关的产品设计和视觉传达设计等相关知识体系的能力，了解国内外环境设计的最新成就、发展动态并兼具国际化视野，具备调查分析能力、组织研究能力、管理能力、沟通与表达能力及环境设计中应用相关知识的能力，具备高尚的职业道德修养和正确的价值观、扎实的自然科学和人文艺术科学基础、良好的专业素质和身心素质，具有高度理论水平、综合实践技能和发展潜力，能在相关规划设计单位、政府管理部门和科研院所从事设计研究与设计创新的高素质环境艺术设计复合交叉型人才。

（三）核心课程

公共艺术设计、表现技法创作、设计方法与实践、风景建筑设计、景观设计、园林工程、园林艺术与设计原理、观赏植物学。

（四）专业优势

环境设计（园林艺术设计）专业起源于浙江农林大学 1986 年设立的园林师资/美术教育专业，1993 年改为艺术园林专业，2003 年正式更名为环境设计专业，属于校级重点建设专业。本专业依托风景园林学、建筑学、城乡规划学三个一级学科，以景观设计为基础，以生态和艺术融合为特色。办学条件优越，拥有“人居环境实验教学中心”省级重点建设教学平台，智慧设计教室、园林规划设计院等实践教学基地，复合型知识背景、多元开放式的教师团队。

（五）就业方向

环境设计（园林艺术设计）专业毕业生可在政府行政管理部门和事业单位、园艺和园林企业、高等院校、科研部门从事观赏园艺相关的行政管理、技术推广、设计与技术研发、经营与管理、教学和科研等工作。

（六）招生情况

本专业招生情况如表 16-1 所示。

表 16-1　近三年本专业在浙江省招生录取分数

年份	科类批次	招生专业	录取	最高分	最低分	选考课程
2019	艺术类	环境设计（园林艺术设计）	45	594	566	不限
2020	艺术类	环境设计（园林艺术设计）	52	580	564	不限
2021	艺术类	环境设计（园林艺术设计）	59	577	560	不限

（七）提高人才职业稳定性的策略及建议

1. 以培养有潜力、有能力、有专长的“三有”人才为目标，构建由“知识体系完善、能力培养优先、专业竞赛带动”组成的专业课程体系

（1）以构建完善的专业知识体系为引领，促进学生职业生涯持续发展

教育不应该成为学生未来进入社会求职的一个“痛点”，学生应具备向上持续发展的潜力，这需要系统的专业知识作为支撑。一方面，专业课程设置的广度应以构建系统的专业知识体系为准则，通过必修课和拓展课引领学生搭建围绕课程、行业、岗位的专业知识树，通过课程了解行业发展的历史、现状和未来，了解行业的岗位分工，了解具体岗位技能结构要求等，确立职业发展方向。另一方面，鼓励学生继续学习深造，进一步完善自己对专业知识体系的认知，避免由于学历低影响自己的就业选择自由度。

（2）以培养工作能力为导向，加强课程建设与实际岗位的对接

应用技能型人才的优势在于技术的“专”和“精”，需要具备与企业具体岗位相匹配的能力，这是达到毕业生精准就业的前提，也是奠定工匠人才职业发展的基石。技能包含熟悉项目流程、掌握关键技术、了解技能等级等，技能只能通过实践获得，在课程教学上通过结合企业岗位需求开展项目化情境式的实践教学，让学生了解项目的运作流程，同时将岗位需求进行详细分解，以企业能力要求为标准划分不同的技能等级，让学

生明白自己的不足，从而可以开展针对性的练习。

（3）以专业竞赛为带动，加强新时代工匠人才的培养

如果说高质量科研训练对提升人才研究能力至关重要，那么高质量的竞赛训练对提升人才技能应用能力则至关重要。以全国职业技能大赛和世界技能大赛“园艺”赛项为例，竞赛规程明确列出了各项任务的主观和客观得分点，其中施工客观得分点精度要求基本在2毫米以内，这是对工匠精神的有力诠释，竞赛训练过程是老师严格按照竞赛考核标准开展的“师徒制”教学，以赛代练，有效地促进了竞赛生的专业实操技能，成为有专长的人才，毕业时成为大企业争先抢夺的优质人才，同时竞赛生选拔和淘汰过程也带动了其他学生的实操训练。

2. 以培养学生的专业认同感为核心，形成以专业老师为主导、以专业课程为主战场、以专业实践为引领的“三专”职业生涯规划指引

（1）以专业老师为主导，引导学生产生专业认同感

大部分学生在入学之初对所学专业知之甚少，有必要引导学生客观地理解和接受本专业，避免产生错误认知。本专业老师是学生接触专业学习的领路人，肩负专业启蒙和领航责任，首要的是激发学生对专业的学习兴趣，其次是引导学生掌握正确的专业学习方法，并且关注个体发展、因材施教，持续引导学生建立对专业的认同感。

（2）以专业课程为主战场，引导学生建立清晰的职业目标

目前职业规划课程普遍采用的授课方式多是广泛性理论阐述，多是从教育学、心理学、管理学、新闻学等学科进行研究，对学生的就业指导起到了重要作用，但是大学生就业落脚点是职业技能，职业规划没有较好地结合本专业认知和职业认知，没有起到真正的指导意义。职业规划的前提是了解专业内涵，对本专业在实际工作中的工作任务、工作内容、需要的专业知识和能力以及与其他学科的交叉性等建立一套完整的认知。这些只有通过专业课程的学习和实践才能获得切身感受，只有通过专业老师指导才能建立清晰的职业目标。

（3）以专业实践为引领，加强校企合作，引导学生清楚行业工作特点

不同行业工作特点各不相同，如果毕业生在就业前能够清晰地认知本行业各岗位工作特点，就不会出现岗位需求与自己的职业期待不符合的情况，从而能够正确面对现状坚持工作。了解岗位工作特点的途径大致包含以下几种：进入企业实习、参与企业项目、参观企业工作场所、聆听企业人员讲座、专业教师讲授等。根据以上途径的体验感由强到弱的特点，应重点加强学生到企业顶岗实习以及跟随教师参与横向课题两方面，即加强深度“产教融合、校企合作”才是出路。如果能与大型优秀企业开展合作订单式培养，则更有助于毕业生精准就业，增加职业稳定性。

3. 与“专业教育、通识教育、思政教育”相结合，促进学生综合能力的发展，为职业成长助力

（1）以专业教育为主体，引导学生创新创业能力的发展

思想的腾飞离不开大量基础知识的积淀，量变才能引起质变，创新创业能力的发展必须依托在对某一行业的全面认知基础上，而与学生联系最紧密的就是专业学习和教育，多数创新创业也都是在本专业领域发生。通过分析优秀毕业生的成长经历发现：“勇于创

新、勇于挑战任务复杂且有难度的工作。”为他们的快速成长提供了较大帮助。在专业教育中既要注意基础教育，又要适当增加作业的复杂性和难度系数，培养独立思考、善于应变的创新思维。

（2）以通识教育为辅助，引导学生综合能力的提升开展

①成立各类社团，组织社会实践活动。社团重在聚集一群志同道合的学生创新性地开展实践活动，以学生为主、教师为辅，让学生在组织、参与活动的过程中提高综合能力。

②开展多类型通识课程，发掘兴趣、拓宽视野。通过各类选修课帮助学生发现自己的兴趣所在或丰富知识结构，选修课可以包含语言文学与文化传承、科学精神与生命关怀、社会科学与现代社会、艺术创作与审美体验、创新创业与多元实践等领域。

③通过校级或院级拓展课，专业老师指导学生在某一感兴趣的领域开展基础学习，引领学生踏入除了自己专业之外的另一个专业学习。

（3）以思政教育为引导，帮助学生养成正确的判断、选择和适应能力

在经济全球化浪潮的推动下，我们与世界的交流日益频繁，科技进步日新月异，大学生必须勇敢地迎接社会和世界上各种思潮、文化和技术，以超人的能力辩证吸收借鉴其中的先进成果。通过思政教育，让学生形成正确的世界观、价值观和职业观，为职业发展保驾护航。大学生职业稳定性不足表面反映的是人员流动过大、就业质量不高，实际反映的是专业教育和教学设置的启发性和精准性不足、实践深度不够以及学生职业迁移能力较弱的问题，培养应用技能型人才必须考虑新时代学生、专业和企业的特点，综合考虑专业教育和通识教育，以此成就应用技能型人才的职业生涯成长。

17. 城乡规划

学制：五年　　授予学位：工学学士学位

（一）专业简介

城乡规划专业旨在培养从事城乡规划设计、管理和研究的高级应用型人才。浙江农林大学城乡规划专业设立于2001年的资源环境与城乡规划管理，为校级重点建设专业，2013年改为人文地理与城乡规划，并开始一本招生，2018年正式设立城乡规划专业。本专业依托城乡规划学、建筑学、风景园林学三个一级学科硕士点以及风景园林学一级学科博士点，办学条件优越。在“人居环境实验教学中心”省级重点平台支持下，拥有专业绘图教室、数字规划技术实验室和GIS实验室，以及园林规划设计院等实践教学基地。学科专业师资雄厚，高级职称比例超过54%，在发展过程中不断整合优化，已形成拥有复合型知识背景、多元开放式的教师团队。

本专业以城乡规划设计为主线，突出风景园林与生态环境的特色。以新工科建设为引领，在国土空间规划的大背景下，考虑城乡规划与国土空间规划的内在关系，深化土地合理利用和自然资源保护的理念，强调地理信息技术的运用。树立产出导向的育人理念，在教学过程中融合实践，以规划设计课程为主线，培养实践动手能力，以适应未来社会需求。通过学科专业一体化和交叉融合，以城乡规划学科前沿知识为引领，促进建筑、规划、地理、生态、经济、管理和社会学等多元文化知识的融合，强调高级应用型人才的培养。

（二）培养目标

本专业期待学生毕业后5年左右达到以下目标。

本专业旨在培养德、智、体、美、劳全面发展，掌握城乡规划理论知识和专业实践技能，强化风景园林和生态环境的相关知识，理解有关城乡发展和规划的方针、政策和法规，富有社会责任感、团队精神和创新思维能力，能在相关规划设计单位、政府管理部门和科研院所从事城乡规划设计、管理和研究等工作的高级应用型人才。

（三）核心课程

城乡规划原理、城市建设史与规划史、城乡规划与设计、城乡遥感与地理信息系统应用、城乡生态与环境规划、城乡道路与交通规划、城乡基础设施规划、城乡规划管理与法规、城乡社会综合调查研究。

（四）专业优势

本专业依托城乡规划学、建筑学、风景园林学三个一级学科硕士点以及风景园林学一级学科博士点，办学条件优越。在“人居环境实验教学中心”省级重点平台支持下，拥有专业绘图教室、数字规划技术实验室和 GIS 实验室，以及园林规划设计院等实践教学基地。学科专业师资雄厚，高级职称比例超过 54%，在发展过程中不断整合优化，已形成拥有复合型知识背景、多元开放式的教师团队。

（五）就业方向

毕业生可选择建筑、房地产类企业：项目规划、房地产筹划；园林类企业：园林规划、景观设计；政府、事业类单位：经济发展规划、区域规划、城市开发、城乡规划管理等就业方向。近三年平均就业率 93.53%，升学率超过 27%（27.04%）。

（六）招生情况

本专业招生情况如表 17-1 所示。

表 17-1　近三年本专业在浙江省招生录取分数

年份	科类批次	招生类别	招生专业	录取	最高分	最低分	选考课程
2019	普通类	三位一体	城乡规划（三位一体）	—	—	—	物理
		平行录取	城乡规划	65	599	590	物理
2020	普通类	三位一体	城乡规划（三位一体）	10	595	577	物理
		平行录取	城乡规划	36	598	593	物理
2021	普通类	三位一体	城乡规划（三位一体）	10	590	575	—
		平行录取	城乡规划	40	597	584	—

（七）具体方案

1. 学习内容

大类一：专业基础课程

[美术及设计基础类] 包括静物素描、水彩素描、钢笔画训练、马克笔训练等。

[建筑设计类] 包括小型公共建筑设计、住宅设计、城市设计等。

[城乡规划设计类] 包括修建性详细规划设计、控制性详细规划设计、城市总体规划设计、城市相关类课题研究等。

大类二：专业能力课程

[概论类] 包括建筑概论、设计概论等。

[学科基础类] 包括城市社会学、城市经济学、区域经济与区域规划、城市历史与文化保护、城市生态与环境保护、城市地理学、城市政策分析、城市规划管理与法规、城乡规划原理等。

[计算机辅助制图类] 包括 CAD、GIS、3dmax 等制图学习。

大类三：专业实践课程

[美术写生类] 包括素描写生、色彩写生等。学校往往会利用暑假时间，组织学生到风景名胜区实地写生。

[调研考察类] 包括居住区实地调研、总体规划实地调研等。

[实习实践类] 包括政府部门实习、规划设计院实习等。

2. 毕业要求

（1）掌握城市规划学科的基本理论、基本知识。

（2）掌握与城市规划学科相关的知识，具有综合分析城市问题、协调解决城市问题的能力。

（3）具有城市规划管理的基本能力。

（4）熟悉国家有关城市发展和城市规划的方针、政策和法规。

（5）了解城市规划学科发展的理论前沿和发展动态。

（6）掌握文献检索、资料查询的基本方法，具有一定的科学研究和实际工作能力。

18. 建筑学

学制：五年　　授予学位：工学学士学位

（一）专业简介

建筑学专业具有科学与艺术融合的特征，涉及工程、社会、人文、艺术等诸多方面。面向国家创新驱动发展和建设需求，着力培养具备广博的自然科学，人文与建筑及相关学科理论知识；具备扎实求精的工程实践能力、创新思维能力、兼具形象与逻辑思维能力；具备开阔的国际视野，具有严谨务实的科学态度、求真探索的思辨精神；注重团队协作，善于沟通表达；勇于担当社会责任，品德优良，信念执着，恪守职业信条，能够引领建筑及相关领域未来发展的高级应用型人才。建筑学专业学制 5 年，毕业生可在建筑设计院所、政府部门、房地产开发企业、职业教育与科研机构等企事业单位，从事建筑设计、行政管理、运营策划、管理服务和教育培训等相关工作，也可攻读建筑设计、土木工程、风景园林、城乡规划等相关专业的硕士学位。

本专业遵循立德树人为根本原则，以新工科为引领，对标《普通高等学校本科专业类教学质量国家标准》《高等学校建筑学本科指导性专业规范》和《全国高等学校建筑学专业教育评估文件》，立足于国家乡村振兴战略，依托学校农林强势学科，充分发挥学院“人居环境学科群”优势，形成了以能力为主要培养目标的培养体系，将“全面、系统”的能力培养目标落实成“具体、规定”动作，实现由“教学内容”为本向以“学生学习结果”为本的转变。

（二）培养目标

遵循科学、求实、创新的精神，坚持“与浙江经济互动，服务地区城乡建设”的办学特色，以培养高级应用型工科人才为首要目标，实行“夯实基础、拓宽口径、强化个性、注重创新”的人才培养模式。旨在使每位学生经过大学阶段的学习后，掌握建筑学科的基本理论、基本知识和基本的设计方法；具备宽阔的国际视野和敏锐的本土意识；兼具思维能力、实践能力、创新能力、社会责任感和团队精神；能践行可持续发展和文化传承理念的具有多种职业适应能力的高级应用型人才。

（三）核心课程

建筑设计初步、建筑设计、中国建筑历史、外国建筑历史、居住建筑设计原理、公共建筑设计原理、建筑物理、建筑结构。

（四）专业优势

本专业 2006 年开始招生，2011 年获得建筑学一级学科硕士点，2012 年开始招收建筑学硕士研究生。经过 15 年的办学探索，结合“文脉乡建”的学科发展方向，以学生培养为落脚点，从课程体系、教学内容、教材、教学方法和手段等方面入手，基本形成了具有自身教学特色的课程体系。

根据创新人才培养目标，本专业构建“1+2+3+4”人才培养体系。即一个培养目标：浙江农林大学建筑学专业的学生应具有“高职业操守、宽适应渠道、强实践能力、广国际视野”四个方面的综合素养；两个工作抓手：以项目设计为导向，以理论结合实践为手段；三个体系平台：设计课程体系、理论与技术课程体系、实践课程体系；四个实践模块：基础素质实践模块、专业技能实践模块、专业综合实践模块、职业素质实践模块。

（五）就业方向

毕业生可选择建筑、房地产类企业：建筑方案设计、施工图设计、建筑规划；装修类企业：室内设计；政府、事业类单位：城市规划、古建筑修缮。

（六）招生情况

本专业招生情况如表 18-1 所示。

表 18-1　近三年本专业在浙江省招生录取分数

年份	科类批次	招生类别	招生专业	录取	最高分	最低分	选考课程
2019	普通类	三位一体	建筑学（三位一体）	10	601	573	不限
		平行录取	建筑学	42	618	592	不限
2020	普通类	三位一体	建筑学（三位一体）	15	599	563	不限
		平行录取	建筑学	38	625	593	不限
2021	普通类	三位一体	建筑学（三位一体）	10	589	562	不限
		平行录取	建筑学	44	594	586	不限

（七）具体方案

大学阶段是大学生走向社会的重要准备阶段，在这个阶段，职业生涯规划显得尤为重要，因为这将影响几年后的就业竞争力和未来的职业生涯发展力。根据大学不同时期的特点，将大学分为四个阶段：大一探索期、大二规划期、大三实践期、大四收获期、大五就业期。

1. 一年级——探索期

从高中到大学是一种截然不同的转化，无论在培养方式上还是功能上，大学都与高中有着很大的区别，大一的经历和选择将直接决定你未来 4 年的生活和发展道路，因此在大一的时候，需要广泛探索，去发现大学各种不同的生活类型。学院会通过新生入学教育、新生班会、新老生交流会等多种形式帮助新生尽快熟悉大学，同时学生需要顺应自己的兴趣，发挥自身特点，参加各种社团、活动和比赛。

院校两级的学生组织，包括但不限于学生会、通讯社、艺术团以及各类学校社团等，加入这些组织能够快速了解学校、了解自己，可以和学长学姐学习和请教经验；不同的组织能够带你体验不同的大学生活，同时这些组织也能让你学习到大量的技能，拓展你的各项能力；在各个组织中，也能够参与校庆、学代会、学校十佳等丰富且有意思的各种大型活动。

校、院、专业、班级组织的各类活动，班级团建、学院和学校组织的活动，这是认识不同人的途径，也可以丰富大学生活。

各种比赛，如新生辩论赛、拔河比赛、篮球比赛、各项锦标赛，还有十佳歌手大赛等各类文体活动，不但有助于学生熟悉大学，而且有助于发挥他们的特长。除此之外，还有创新创业类比赛也可以积极参与，积累经验，为以后参加各类大赛做好积淀。在专业上，在这个阶段，建筑学设计的专业竞赛还太早，但是可以学习软件，看些优秀作品做积累，专业性质论文和课题也可以在这个阶段和专业老师更多地交流。

此外，在学习和工作上，需要抓紧时间考出四级、驾照、普通话、计算机等技能证书，这不仅是获得学分的手段，也能更好地学习强化某项技能，在接下来的发展和评奖评优中有关键作用。同时，也要争取尽早入党。

2. 二年级——规划期

在这个阶段，通过他人的评价或自己的生活阅历来了解自己个性的特点，清楚自身的优势在哪里、劣势在哪里，结合自身兴趣决定未来的发展方向。通过对自己不同阶段的职业规划，决定接下来学习生活的侧重点，因为建筑学有五年学制，所以大二处于一个探索后期，具有更多试错的机会和时间，也可以多尝试不同的活动，在参与中不断调整规划的发展方向，同时给自己纵向知识面铺下广度，而学校也在这个阶段为我们提供了不同的选择。

在工作上，通过大一的学习和经历，在大一结束之前，你需要决定自己的方向，如是否要在各种组织中留任。这个阶段，你作为部长要担任管理的任务，需要做好协调、组织等工作，这比大一的工作生活更加有挑战，也能有更多的收获。

在学习上，大二阶段，专业知识的学习很重要，但是除了专业学习外，学校给予了学生更多、更丰富的选择和机会，通过大一的熟悉和探索，可以选择自己感兴趣的方向参与。这个阶段会有第二专业的选择，如法学、日语、工商管理等；也有机会进入学校新青年人才学院（校级新青年人才学院）学习体验，这里能够带来学校最好的团党上的教育资源，以及一系列自身素质拓展的培训。除此之外，还有大学生村官学院等一系列的学习机会。这些丰富的学习资源需要学生关注学校发布的信息。

在比赛上，大二是论文和课题申报的主要阶段。通过大一的学习积累，对专业有了一定的理解，学校在这个阶段也有从学校到国家级各个等级的课题申报，学生可以自行组队参与其中。“职业规划大赛”“挑战杯”“互联网+”等一系列创新创业比赛也可以积极参与，校级项目可以自己作为项目负责人，到了更高层次的比赛，可能需要高年级的学长学姐作为项目负责人带你去学习体验，为以后做好铺垫。学科竞赛在大二下学期可以慢慢接触。

3. 三年级——实践期

三年级是大学中成长最快的阶段，在这个阶段，通过前期的知识积累，可以参加的比赛越来越多，能够完成大一、大二无法完成的论文以及各项工作。因此，这是大学期间最为重要的实践期。需要制定实施策略来提高自身能力，最基本的有英语、计算机、体育、写作、演讲等。

在工作上，如果你尚留任在学生组织中，这时你已经作为主席层，需要统筹学生组织各项工作，需要作为老师与学生组织之间的纽带。

在比赛上，大三可以申报省级甚至国际级的论文和课题，在这个阶段可以跟着专业老师撰写论文，尝试在各种期刊上发表，也可以开始作为负责人跟着学院的老师参加“职业规划大赛”“挑战杯”“互联网+”等一系列创新创业比赛。在学科竞赛上，大三是重要的阶段，经过前两年的专业基础知识积淀后，可以参加相关的竞赛，适合参加的专业相关竞赛有霍普杯、天华杯、天作杯、中联杯等一系列全国建筑学专业指导委员会负责的国家甚至国际比赛，可以参加学校或者省内的一些设计比赛或者全国制图大赛等专业技能比赛，可以搭档城规、园林等专业的同学参加城规园林的专业比赛，以及一系列全国大学生乡村规划竞赛、大学生乡村振兴创意大赛等有关乡村振兴的比赛。

4. 四年级——收获期

通过大三的竞赛和学习体验，大四是大学阶段精力最充沛、专业能力最强的时候。也许大三的比赛获得的成绩没有那么理想，但是积累的经验将能够在大四给你最大的助力，无论是创新创业比赛还是学科专业竞赛。这时学生还要积极参加竞赛，可以去参加国外举办的国际竞赛，如 Evolo、YAC、24H 等。同时，试着写简历求职信，提前掌握技巧，同时也是对自己的反馈，看到的不足之处还可以弥补。学院可以开展类似模拟招聘会的活动，为毕业生提供机会实战演练，了解招聘的流程及面试时礼仪着装等方面的技巧。此外，学院可以带领学生进入真正的大型招聘会现场，感受真实的氛围，同时帮助学生寻找工作实习的机会，积累工作经验。

5. 五年级——就业期

（1）选择道路。五年级的学生在知识储备和未来规划上已经有了准备和打算，对于就业还是升学内心已经有了初步的判断，除实习之外，还要努力冲刺，为自己选择的道路落实好收尾工作。

（2）检验自我。虽然已经制定了比较详细的职业规划书，但是还要根据事情的发展变化进行适当的调整，即所谓的反馈评估，使职业生涯规划行之有效。

（3）推销自我。学院既要进行全面的就业指导，包括就业政策的解读、就业流程的讲解，还要进行个性化的辅导，帮助他们克服就业中遇到的困难，努力适应角色，同时要不断地给毕业生提供就业信息，帮助他们成功就业。

19. 土木工程

学制：四年　　授予学位：工学学士学位

（一）专业简介

土木工程专业自2003年开始招生，该专业要求学生熟练掌握工业与民用建筑工程、市政工程、基础工程与地下工程、道路工程、建筑结构和建筑材料等方面的专业知识，具有进行相关工程设计、施工、组织管理、设备配套及操作的基本素质；掌握工程规划与选型、结构分析与设计、工程材料、基础设计及地基处理方面的基础知识，掌握有关建筑机械、电工、工程测量、施工技术与组织等方面的基本技术，具有从事科学研究工作的基本能力和较强的科技创新能力。

本专业基于学校人才培养总体定位及原则，具有以下几点特色。一是以立德树人为根本，在专业课程中有机融入思政教育和劳动教育元素，推进思政课程与课程思政紧密结合、同向同行。二是强化标准引领，注重结果导向。以新工科建设为引领，注重结果导向的育人理念，进一步明确专业人才培养定位，对标《普通高等学校本科专业类教学质量国家标准》和专业认证标准，明晰专业培养目标和毕业要求，反向设计课程体系，并使用矩阵图的方式说明课程体系与毕业要求的对应支撑关系，正向开展人才培养。三是加强双创教育，深化协同育人。多门专业课基于实践基地和学科竞赛，以及多个稳定的校外实习基地，充分利用上述实践创新平台，培养具有创新创业能力的高级应用型人才。

（二）培养目标

培养具有良好的科学素养、人文素养和职业道德，能运用现代科学技术，掌握土木工程学科的基本理论和基本知识，获得工程师良好训练，理论和专业知识扎实，具有一定创新实践能力和环境可持续发展意识的高级应用型人才。毕业时能胜任房屋建筑、道路与桥梁工程等相关领域土木工程项目的勘测、设计、施工、管理和研究工作，毕业五年后具有独立的工程设计能力和工程项目管理能力，并在建设、设计、施工、监理单位及行政管理部门成为重要骨干成员。土木工程专业学生毕业后5年左右达到以下目标。

目标1：具有扎实基础理论和实践能力，胜任土木工程及相关领域技术与管理工作，成为单位的业务骨干并具备获得中级技术职称的潜力。

目标2：具有从实践中发现、分析和解决问题的能力，能利用现代科学技术方法及手段解决复杂工程问题。

目标3：具有良好的组织协调和团队合作能力，能够在不同职能团队中发挥特定的作用并具备承担领导角色的潜力。

目标4：具有健全的人格、良好的人文与社会科学素养、社会责任感和工程职业道德。

目标5：能够通过继续教育或其他的终身学习途径，提升自己的知识和能力，具有较强的职业竞争能力。

（三）核心课程

土木工程材料、理论力学、材料力学、结构力学、土力学、水力学、混凝土结构基本原理、钢结构基本原理、基础工程、土木工程施工。

（四）专业优势

本专业依托土木工程、建筑学和风景园林等学科，拥有一支学历层次高、职称结构、学缘结构和梯队层次合理、学术专精的教学科研团队。近年来，多措并举培养特色人才，着力强化学生实践能力和创新创业能力。毕业生在各类土木工程相关企事业和行政管理等部门从事设计、施工、勘测、管理和研究工作。

（五）就业方向

土木工程专业的主要就业方向有工程技术方向，设计、规划及预算方向，质量监督及工程监理方向，公务员、教学及科研方向。所涉行业包括建筑业、房地产开发业、路桥施工、工程勘察设计单位、交通或市政工程类政府机关职能部门、工程造价咨询机构、科研院所等。

（六）招生情况

本专业招生情况如表19–1所示。

表19–1　近三年本专业在浙江省招生录取分数

年份	科类批次	招生类别	招生专业	录取	最高分	最低分	选考课程
2019	普通类	三位一体	土木工程（三位一体）	10	592	564	不限
		平行录取	土木工程	33	602	596	不限
2020	普通类	三位一体	土木工程（三位一体）	5	588	565	不限
		平行录取	土木工程	35	597	586	不限
2021	普通类	三位一体	土木工程（三位一体）	10	592	554	不限
		平行录取	土木工程	29	585	577	不限

（七）具体方案

1. 业务方面

（1）了解哲学、政治学、经济学、法学等方面的基本知识，了解文学、艺术等方面的基础知识；掌握工程经济、项目管理的基本理论和方法；掌握一门外语。

（2）熟悉工程科学、环境科学的基本知识，了解当代科学技术发展的主要趋势和应用前景；掌握数学、力学和物理学的基本原理和分析方法；掌握至少一门计算机高级编程语言并能运用其解决一般工程问题。

（3）掌握工程材料的基本性能和选用原则，掌握工程测绘的基本原理和方法、工程制图的基本原理和方法。

（4）掌握工程结构选型、构造、计算原理和设计方法，掌握工程结构计算机辅助设计（CAD）和工程结构分析与设计软件应用技术；掌握土木工程施工的一般技术、过程、组织和管理，以及工程检测和试验基本方法。

（5）了解土木工程专业的有关法规、规范与规程；了解建筑、给水与排水、建筑环境与能源应用、建筑电气与智能化等相关知识；了解土木工程机械、交通、环境的一般知识；了解土木工程专业的发展动态和相近学科的一般知识。

（6）具有综合运用各种手段查询资料、获取信息、拓展知识领域、继续学习的能力。

（7）具有应用语言、图表等进行工程表达和交流的基本能力；具有常规工程测试仪器的运用能力。

（8）具有综合运用知识进行工程设计、施工和管理的能力。

（9）具有初步的科学研究和应用技术开发能力。

（10）具有较好的组织管理、交流沟通、环境适应和团队合作能力。

2. 毕业生能力要求

（1）熟悉哲学、政治学、经济学、法学等方面的基本知识，了解文学、艺术等方面的基础知识，掌握工程经济、项目管理的基本理论和方法，并掌握一门外语；

（2）了解物理、信息科学、工程科学、环境科学的基本知识，了解当代科学技术发展的主要趋势和应用前景，掌握数学和力学的基本原理和分析方法；

（3）掌握工程材料的基本性能和选用原则，掌握工程测绘和工程制图的基本原理和方法；

（4）掌握工程结构选型、构造、计算原理和设计方法，掌握工程结构 CAD 和其他软件应用技术，掌握土木工程施工的一般技术、过程、组织和管理，以及工程检测和试验基本方法；

（5）了解本专业的有关法规、规范与规程，了解给水与排水供热通风与空调、建筑电气等相关知识，了解土木工程机械、交通、环境的一般知识，以及本专业的发展动态和相近学科的一般知识；

（6）具有综合运用各种手段查询资料、获取信息、拓展知识领域和继续学习的能力；

（7）具有应用语言图表和计算机技术等进行工程表达和交流的基本能力；

（8）掌握至少一门计算机高级编程语言并能解决一般工程问题，具有计算机、常规工程测试仪器的运用能力；

（9）具有综合运用知识进行工程设计、施工和管理的能力；

（10）具有初步的科学研究和应用技术开发能力。

20. 旅游管理

学制：四年　　授予学位：管理学学士学位

（一）专业简介

旅游管理是一门普通高等学校本科专业，属于旅游管理类专业，基本修业年限为4年，授予管理学学士学位。

旅游管理是“人居环境学科群”的重要组成部分，提供了人居环境“宜游”环节的关键理论和核心技术。本培养方案遵循立德树人为根本原则，以新农科、新文科为引领，对标《普通高等学校本科专业类教学质量国家标准》，立足于国家乡村振兴战略，依托学校农林强势学科，充分发挥学院“人居环境学科群”优势，聚焦旅游行业发展动态，推进文旅融合发展进程，构建“融合型、技能型和创新型”人才培育模式，强化“旅游策划与规划、旅游运营与管理”两大专业特色，致力于培养掌握旅游规划设计理论技术、农林资源旅游保护性开发与管理运营能力，符合新时代人居环境“宜游”与文旅行业发展双重需求的复合交叉型人才；着力促进国际化合作办学，开展跨文化交流，培养具有国际视野的一流本科人才；通过学科专业一体化和交叉融合，强化学科科学研究在人才培养中的应用。

（二）培养目标

本专业期待学生毕业后5年左右达到以下目标。

本专业旨在培养具有良好的道德品质、学术修养、身心健康和业务能力，掌握旅游管理理论知识和专业实践技能，具备现代信息技术和旅游专业知识的应用能力、流畅的语言表达能力、沟通协作能力、科学研究和创新创业能力，能够在规划设计公司、政府部门（如国家公园管理局、自然资源与规划局、文化和旅游局、林草局等）和旅游企业（如会展公司、旅游电商、民宿）等行业、职业教育机构和科研院所从事规划编制、运营策划、行政管理、企业管理和教育科研等工作，富有创新创业能力的复合交叉型人才。

（三）核心课程

城乡规划原理、旅游学概论、旅游消费者行为学、旅游接待业、旅游目的地管理、旅游经济学、旅游规划与开发、旅游政策法规。

（四）专业优势

浙江农林大学旅游管理专业始建于1999年，经过20多年的探索和特色化发展，凸显旅游策划与规划、旅游运营与管理两大人才培养特色，拥有城乡规划一级学科硕士点、旅游管理专业硕士点（MTA）双重平台。毕业生可在规划设计院所、政府部门、景区与度假区、旅游电商、职业教育与科研机构等企事业单位，从事规划编制、行政管理、运营策划、管理服务和教育培训等相关工作，也可攻读城乡规划、旅游地理与旅游规划、旅游管理、旅游教育等相关专业的硕士学位。

（五）就业方向

旅游管理专业本科毕业生就业方向有事业单位人员、公务员、行政专员、助理、人力资源专员、酒店管理、教师、导游、票务等。近三年平均就业率 89.27%，升学率超过 6%（6.17%）。

（六）招生情况

本专业招生情况如表 20-1 所示。

表 20-1　近三年本专业在浙江省招生录取分数

年份	科类批次	招生类别	招生专业	录取	最高分	最低分	选考课程
2019	普通类	三位一体	旅游管理（三位一体）	20	600	540	不限
		平行录取	旅游管理	20	601	588	不限
2020	普通类	三位一体	旅游管理（三位一体）	10	591	568	不限
		平行录取	旅游管理	14	595	590	不限
2021	普通类	三位一体	旅游管理（三位一体）	—	—	—	不限
		平行录取	旅游管理	15	590	582	不限

（七）具体方案

1. 培养要求

本专业学生主要学习旅游管理方面的基本理论和基本知识，接受旅游经营管理方面的基本训练，掌握分析和解决旅游管理问题的基本能力。

2. 毕业生能力要求

（1）掌握旅游管理的基本理论、基本知识；

（2）掌握科学的学习与思维方法，具有运用旅游管理理论分析和解决问题的基本能力；

（3）熟悉我国关于旅游业发展的方针、政策和法规；

（4）了解国内外旅游业和现代服务业的发展趋势；

（5）掌握文献检索、资料查询的基本方法，具有一定的科学研究和实际工作能力，具有一定的创新思维能力；

（6）掌握创业的基本原理和方法，具有较强的创新意识和能力；

（7）具备较高的外语水平，拥有较好的国际交流能力。

21. 农林经济管理

学制：四年　　授予学位：管理学学士

（一）专业简介

农林经济管理专业设立于 1984 年，2007 年获批浙江省重点专业，2016 年获批浙江省优势专业，现为浙江省首批一流专业。本专业依托浙江省一流学科、国家林业和草原局重点培育学科、浙江省重点培育智库等平台；拥有国家“万人计划”哲学社会科学领军人才等在内的高水平师资队伍，其中博士生导师 7 人、硕士生导师 20 余人；拥有农林经济管理一级学科硕士点和博士点，形成了完整的本硕博人才培养体系。毕业生既可选择国内外高校和科研院所继续深造，也可以到政府部门、教学科研单位和企事业单位从事与农林业相关的政策研究、行政管理、经营管理以及教学和科研等工作，还可以成为现代家庭农场主、合作社理事长等实现自主创业。

本专业以立德树人为根本，遵照国家农业经济管理类专业教学质量标准，融合新农科、新文科改革要求，更加契合农业农村现代化和生态文明建设对高级应用型人才的需求，增设现代林业、智慧农业、生态学等课程，优化了课程体系；更加强调“三农”情怀教育，设置了乡村田野调查与创新实践为特色的情怀教育系列课程；更加注重创新教育，结合优质学科平台资源，构建了“一二三”课堂融合的创新教育体系。

（二）培养目标

本专业以立德树人为根本，服务于乡村振兴和生态文明需要，结合新农科、新文科建设要求，把思想政治教育贯穿于人才培养全过程，致力于培养具有浓厚“三农”情怀、扎实专业素养、深厚创新潜质和国际视野的高级应用型人才。

（三）核心课程

农业经济学、现代林业经济学、农林业政策学、涉农企业管理学、农林业技术经济学、农产品营销学、现代林业、智慧农业、乡村田野调查与创新实践等。

（四）专业优势

本专业 2019 年获批浙江省首批一流专业建设点，2020 年升格为国家级一流专业建设点。持续 25 年深入农村走千村访万户，培养了学生的“三农”情怀。通过课程实习、专业综合实习、跨专业综合实训等实践教学环节，培养学生解决现实问题的实践动手能力。依托农林经济管理省级一流学科、国家林业和草原局重点学科，拥有浙江省乡村振兴研究院新型智库、浙江省社会科学重点研究基地等平台。

（五）就业方向

农林经济管理专业学生毕业后既可进入企事业单位，从事经营、管理（行政、人事）、市场分析和营销策划等工作，也可以进入大中型农产品企业和食品加工贸易企业、与农业和食品产业有关的金融投资、流通贸易、加工运输、科技开发、新闻传媒、咨询服务等企事业单位，从事农产品的国际贸易和市场营销等工作。此外，通过公务员考试进入中央和地方各级政府的综合经济管理部门、农业与农村管理部门、食品产业管理部门和政策调研机构，从事计划、规划与设计、推广与发展、农业经营管理、农业政策理论研究，教学与科研工作也是不错的选择。学生也可以考取经济管理类的硕士研究生，进入有关的高等院校和科研机构继续学习深造。

（六）招生情况

本专业招生情况如表 21–1 所示。

表 21–1　近三年本专业在浙江省招生录取分数

年份	科类批次	招生专业	录取	最高分	最低分	选考课程
2019	普通提前批	农林经济管理（三位一体）	10	597	557	不限
		农林经济管理（定向农技）	19	641	555	不限
	普通平行批	农林经济管理	28	601	592	不限
2020	普通提前批	农林经济管理（三位一体）	5	593	576	不限
		农林经济管理（定向农技）	19	650	601	不限
	普通平行批	农林经济管理	30	602	593	不限
2021	普通提前批	农林经济管理（三位一体）	5	592	570	不限
		农林经济管理（定向农技）	30	658	598	不限
	普通平行批	农林经济管理	35	591	583	不限

（七）具体方案

大学阶段的学习规划、职业规划尤为重要，职业生涯规划的好坏直接影响大学期间的学习生活质量，更直接影响求职就业甚至未来职业生涯的成败。根据大学不同时期的特点提出以下具体方案。

1. 一年级——生涯认知、自我探索阶段

教育主题：认知专业就业方向，培养自身专业兴趣。

运用方法：课程教学（包括新生研讨课、就业方向体验等）、企业参观、社会实践、专业测试问卷、学生组织的各种活动。

效果检验：结课论文的撰写、生涯人物访谈等；个人心得体会及成长经历；实践报告的编写。

2. 二年级——环境探索、方向锁定阶段

教育主题：探索农林经济管理专业工作环境，锁定今后就业方向。

运用方法：课程教学（包括行业发展介绍、就业方向分析等）、企业实践、社会实习。

效果检验：个人对行业发展的想法及思考；实习报告及成果的编写；职业生涯规划的制定。

3. 三年级——生涯发展、素质提升阶段

教育主题：了解农林经济管理专业工作岗位需求，提升个人能力素质。

运用方法：课程教学（包括岗位需求介绍、简历面试技巧等）、模拟训练、企业实习。

效果检验：岗位需求及个人能力对比分析；模拟训练成果；实习报告及成果的编写，对个人能力的认识。

4. 四年级——调整、适应、转换阶段

教育主题：做好毕业求职准备，掌握求职方法技巧。

运用方法：专项指导（包括具体企业文化分析、专门谈话辅导、工作机会提供等）。

效果检验：学生就业质量及就业率检验。

22. 会计学

学制：四年　　授予学位：管理学学士学位

（一）专业简介

会计学专业设立于1993年，2006年列为校级重点建设专业，2009年列为省级重点建设专业，2019年入选首批省一流本科专业建设点。招收志愿率高，深受学生喜爱，是学生心目中的“热门专业”；学生就业范围广、专业相关度高，以继续攻读国内外硕士研究生，或以政府部门、会计师事务所、金融机构等企事业单位为主要就业去向。

本专业坚持立德树人，把思想政治教育和德、智、体、美、劳教育贯穿于人才培养全过程。以新文科建设为引领，遵循OBE的育人理念，对标会计学本科专业教学质量国家标准，在设置了企业会计方向和注册会计师（CPA）方向的基础上，增加了农林财务与会计拓展课程，强化农林知识背景。以硕士生导师、博士生导师以及注册会计师、国际注册内部审计师等实务经验丰富的教学团队为基础，通过校企协同育人、上市公司财务总监等实务界精英进课堂、会计核算手工实训、会计管理综合模拟实训以及跨专业虚拟仿真综合实训等举措，强化培养学生解决会计实际问题的能力。将创新创业教育与专业教育深度融合，通过科研创新项目、学科竞赛等构建多元融合的创新教育体系，不断深化课堂教学创新与学业评价改革。开设ACCA国际注册会计师精英班，创造学生参与国际交流与学习的条件，培养多元文化相长、具有国际视野的会计学本科人才。

（二）培养目标

本专业以立德树人为根本，旨在培养德、智、体、美、劳全面发展，具备诚信意识和职业操守，适应区域社会经济发展需要，掌握经济和管理领域的基本理论和知识，拥有扎实会计理论基础和实践操作技能，熟悉国际会计惯例以及国内会计规范，有较高的英语水平和计算机应用能力，能在政府部门、会计师事务所、金融机构和各类企业单位从事会计、审计、财务管理等相关工作，具有国际视野、生态理念，富有创新创业精神的高级应用型会计人才。

（三）核心课程

中级财务会计、成本会计、财务管理、管理会计、审计学、会计信息系统、高级财务会计、会计职业道德。

（四）专业优势

本专业于1993年设立，浙江省“十二五”“十三五”时期省级重点专业，现为浙江省首批省一流本科专业建设点。1999年开始招收本科生，2004年开始招收“林业财务与会计”方向学术型硕士研究生，拥有会计硕士（MPAcc）专业学位点。本专业拥有一支由“省级教学名师”、省“151人才”“省中青年学科带头人”、校“优质教学教师”和“我心目中的好老师”等一批优秀教师组成的高水平师资队伍。

（五）就业方向

会计专业学生毕业后可选择国内外高校相关专业继续深造，或者到各类企事业单位、教学科研单位、政府部门、银行及会计师事务所等单位从事会计、审计、理财、税务、资产评估等工作。

（六）招生情况

本专业招生情况如表22-1所示。

表22-1 近三年本专业在浙江省招生录取分数

年份	科类批次	招生专业	录取	最高分	最低分	选考课程
2019	普通提前批	会计学（三位一体）	5	600	583	不限
	普通平行批	会计学	38	613	598	不限
2020	普通提前批	会计学（三位一体）	5	592	580	不限
	普通平行批	会计学	72	608	597	不限
2021	普通平行批	会计学	83	600	589	不限

（七）具体方案

大学阶段的学习规划、职业规划尤为重要，职业生涯规划的好坏直接影响大学期间的学习生活质量，更直接影响求职就业甚至未来职业生涯的成败。根据大学不同时期的特点提出具体方案。

1. 一年级——生涯认知、自我探索阶段

教育主题：认知专业就业方向，培养自身专业兴趣。

运用方法：课程教学（包括新生研讨课、就业方向体验等）、企业参观、社会实践、专业测试问卷、学生组织的各种活动。

效果检验：结课论文的撰写、生涯人物访谈等；个人心得体会及成长经历；实践报告的编写。

2. 二年级——环境探索、方向锁定阶段

教育主题：探索会计专业工作环境，锁定今后就业方向。

运用方法：课程教学（包括行业发展介绍、就业方向分析等）、企业实践、社会实习。

效果检验：个人对行业发展的想法及思考；实习报告及成果的编写；职业生涯规划的制定。

3. 三年级——生涯发展、素质提升阶段

教育主题：了解会计专业工作岗位需求，提升个人能力素质。

运用方法：课程教学（包括岗位需求介绍、简历面试技巧等）、模拟训练、企业实习。

效果检验：岗位需求及个人能力对比分析；模拟训练成果；实习报告及成果的编写，对个人能力的认识。

4. 四年级——调整、适应、转换阶段

教育主题：做好毕业求职准备，掌握求职方法技巧。

运用方法：专项指导（包括具体企业文化分析、专门谈话辅导、工作机会提供等）。

效果检验：学生就业质量及就业率检验。

23. 国际经济与贸易

学制：四年　　授予学位：经济学学士学位

（一）专业简介

国际经济与贸易专业设立于1999年，2009年招收学历留学生，是校级重点专业和国际化专业。在农林经济管理博硕学位点和农业硕士点下专设有国际贸易方向，初步具备本硕博完整的人才培养体系。本专业拥有一支海外特聘教授、省“151人才”、省高校优秀青年教师、行业背景教师等组成的高水平师资队伍，依托浙江省重点培育智库、Forest Policy and Economics中国区编辑部等平台开展教学和研究，形成了以学科专业一体化、创新创业教育全程化、专业建设国际化为特色，培养具有深厚农林情怀的国际经贸人才。学生毕业后既可选择国内外高校和科研机构继续深造，也可以到外贸外资企业、金融机构、政府部门从事外经贸、贸易经济、金融服务等工作。

（二）培养目标

本专业以立德树人为根本，旨在培养德、智、体、美、劳全面发展，掌握国际经济与贸易专业的基础知识、基本理论和分析方法，通晓国内外通行的经贸规则，熟悉内外贸运行机制和发展规律，具备较高英语水平、计算机应用能力、商务谈判能力、跨境电子商务运用能力，熟练国际贸易实务全过程操作，基础扎实、知识面宽、业务能力强、综合素质高，具有国际视野、生态文明意识、创新创业精神，能在涉外经济贸易企业、金融机构及政府部门从事进出口业务、管理、研究等工作的高级应用型国际经贸人才。

（三）核心课程

国际贸易理论与政策、国际贸易实务、国际结算、国际金融、国际贸易综合实验、国际经济学、商务英语、农林国际贸易与环境。

（四）专业优势

本专业属于校级重点专业与校级国际化特色专业。本专业兼招国内学生和外国留学生，设有单独的国际留学生本科班，拥有国际商务硕士学位点和“农业贸易与农村金融”二级硕士学位点。本专业融合新文科、新农科改革要求，设置国际商务、数字贸易两个特色模块，更加契合国内国际“双循环”、数字贸易发展新趋势。增设农林国际贸易与环境、国际农业经济合作和农林产品贸易案例等课程，凸显农林国际贸易特色。以中外融合的师资队伍、全英文与双语授课、国内外学生课内外互动交流、学生出国访学交流等方式，提升学生国际化能力。建有全覆盖、分阶段、分层次、分模块的四年不断线创新创业课程体系和“课程实践—虚拟仿真—学科竞赛—社会实践—顶岗实习—创业孵化”六位一体实践载体，把创新创业教育有机融入专业教育全过程。

（五）就业方向

国际经济与贸易专业学生毕业后可考入国内外高校相关专业继续深造，在经济全球化背景下，毕业生就业面广，可进入外贸企业、外资企业、跨国公司、银行等从事外销、采购、报关、报检、单证、货代、结算等实务及管理岗位工作，还可在事业单位、政府机关及其他相关部门从事国际贸易相关教学、科研和管理工作。

（六）招生情况

近三年本专业在浙江省招生录取分数如表 23-1 所示。

表 23-1　近三年本专业在浙江省招生录取分数

年份	科类批次	招生专业	录取	最高分	最低分	选考课程
2019	普通平行批	国际经济与贸易	32	600	592	不限
2020	普通平行批	国际经济与贸易	32	598	593	不限
2021	普通提前批	国际经济与贸易（三位一体）	6	586	559	不限
	普通平行批	国际经济与贸易	22	590	584	不限

（七）具体方案

大学阶段的学习规划、职业规划尤为重要，职业生涯规划的好坏直接影响大学期间的学习生活质量，更直接影响求职就业甚至未来职业生涯的成败。根据大学不同时期的特点提出具体方案。

1. 一年级——生涯认知、自我探索阶段

教育主题：认知专业就业方向，培养自身专业兴趣。

运用方法：课程教学（包括新生研讨课、就业方向体验等）、企业参观、社会实践、专业测试问卷、学生组织的各种活动。

效果检验：结课论文的撰写、生涯人物访谈等；个人心得体会及成长经历；实践报告的编写。

2. 二年级——环境探索、方向锁定阶段

教育主题：探索国际经济与贸易专业工作环境，锁定今后就业方向。

运用方法：课程教学（包括行业发展介绍、就业方向分析等）、企业实践、社会实习。

效果检验：个人对行业发展的想法及思考；实习报告及成果的编写；职业生涯规划的制定。

3. 三年级——生涯发展、素质提升阶段

教育主题：了解国际经济与贸易专业工作岗位需求，提升个人能力素质。

运用方法：课程教学（包括岗位需求介绍、简历面试技巧等）、模拟训练、企业实习。

效果检验：岗位需求及个人能力对比分析；模拟训练成果；实习报告及成果的编写，对个人能力的认识。

4. 四年级——调整、适应、转换阶段

教育主题：做好毕业求职准备，掌握求职方法技巧。

运用方法：专项指导（包括具体企业文化分析、专门谈话辅导、工作机会提供等）。

效果检验：学生就业质量及就业率检验。

24. 工商管理

学制：四年　　授予学位：管理学学士学位

（一）专业简介

工商管理专业设立于2001年，是校级重点专业，拥有一支由省“千人计划”人才、省“151人才”“我心目中的好老师”、行业导师等一批理论与实务相结合的高水平师资队伍，依托浙江省重点培育智库（乡村振兴研究院）、地方质量发展研究院等平台，建立了资源共享、协同发展的校企、校地合作的育人机制，培养适应先进制造业、现代农林业等行业需要的高级应用型工商管理人才。学生毕业后可以到企事业单位、政府部门等从事人力资源管理、运营管理、营销管理、行政管理等相关工作，也可选择国内外高校和科研院所继续深造。

本专业坚持立德树人，把思想政治教育和德、智、体、美、劳教育贯穿于人才培养全过程。以新文科建设为引领，遵循OBE的育人理念，对标工商管理本科专业教学质量国家标准，设有人力资源管理和营销管理两个方向。建立了以培养学生综合管理能力为核心，以智慧教学和实践教学为两翼，以线上线下融合、政产学研融合、一二三课堂融合为支撑的“一核两翼三融合”的工商管理人才培养机制。构建了课程实训、专业实训、案例调研、跨专业综合实训、毕业实习等多环节多类型的实践教学体系，通过课岗证赛深度融合、行业协会创新实践教学基地共建、企业家进课堂、全程导师制等举措加强理论教学与实践教学的有效衔接。充分利用移动互联网、现代教育技术以及在线开放课程平台等，创新教学模式、教学方法和手段，形成了以过程性为主的教学评价模式。

（二）培养目标

本专业以立德树人为根本，面向全国，立足浙江经济产业转型升级，对接“杭州城西科创大走廊”建设对工商管理人才的强劲需求，依托工商管理学科优势，培养具有生态理念、创新精神、创业能力的高级应用型工商管理人才。

具体目标包括：坚持立德树人，培养具备诚信品质、社会责任感和使命感、人文精神和科学素养，德、智、体、美、劳全面发展的管理人才；掌握现代企业管理理论和方法，熟悉宏观政策法规和企业运行机制，适应互联网经济下先进制造业、现代农林业对管理人才的需要；具备现代管理理念，具备独立获取知识、提出问题、分析问题和解决问题的能力及开拓创新精神，基础扎实、知识面宽、专业技能强的管理人才；能胜任企事业单位与政府部门人力资源管理、运营管理、营销管理、行政管理等相关工作。

（三）核心课程

企业战略管理、市场营销学、人力资源管理、组织行为学、管理沟通、财务管理、运营与供应链管理、创业管理学。

（四）专业优势

本专业为浙江省一流本科专业建设点、校级重点专业。现有专任教师 19 人，教授 7 人，高级职称占比 73.7%。本专业教师具有较强的教学能力与较高的学术研究水平，近五年承担省级以上各类教学改革与科研项目 20 余项；依托浙江省哲学社会科学重点基地、临安质量发展研究院，建立资源共享、协同发展的校企、校地合作机制。通过课岗证赛深度融合、与行业协会共建创新实践教学基地、企业家进课堂、全程导师制等举措，增强学生的实践创新能力。

（五）就业方向

工商管理专业学生毕业后可选择国内外高校相关专业继续深造，如南京大学、中国科学技术大学、首都师范大学、昆士兰大学、曼彻斯特大学等，或者到现代工商企业从事人力资源管理、生产运营管理、市场营销、财务管理、战略管理、服务管理等管理工作，也可在有关政府部门、学校和科研院所等行政事业单位从事管理、教学和科研等工作。

（六）招生情况

近三年本专业在浙江省招生录取分数如表 24-1 所示。

表 24-1　近三年本专业在浙江省招生录取分数

年份	科类批次	招生专业	录取	最高分	最低分	选考课程
2019	普通平行批	工商管理	59	602	592	不限
2020	普通提前批	工商管理（三位一体）	5	592	581	不限
	普通平行批	工商管理	34	642	593	不限
2021	普通提前批	工商管理（三位一体）	5	590	578	不限
	普通平行批	工商管理	49	592	584	不限

（七）具体方案

大学阶段的学习规划、职业规划尤为重要，职业生涯规划的好坏直接影响大学期间的学习生活质量，更直接影响求职就业甚至未来职业生涯的成败。根据大学不同时期的特点提出具体方案。

1. 一年级——生涯认知、自我探索阶段

教育主题：认知专业就业方向，培养自身专业兴趣。

运用方法：课程教学（包括新生研讨课、就业方向体验等）、企业参观、社会实践、

专业测试问卷、学生组织的各种活动。

效果检验：结课论文的撰写、生涯人物访谈等；个人心得体会及成长经历；实践报告的编写。

2. 二年级——环境探索、方向锁定阶段

教育主题：探索工商管理专业工作环境，锁定今后就业方向。

运用方法：课程教学（包括行业发展介绍、就业方向分析等）、企业实践、社会实习。

效果检验：个人对行业发展的想法及思考；实习报告及成果的编写；职业生涯规划的制定。

3. 三年级——生涯发展、素质提升阶段

教育主题：了解工商管理专业工作岗位需求，提升个人能力素质。

运用方法：课程教学（包括岗位需求介绍、简历面试技巧等）、模拟训练、企业实习。

效果检验：岗位需求及个人能力对比分析；模拟训练成果；实习报告及成果的编写，对个人能力的认识。

4. 四年级——调整、适应、转换阶段

教育主题：做好毕业求职准备，掌握求职方法技巧。

运用方法：专项指导（包括具体企业文化分析、专门谈话辅导、工作机会提供等）。

效果检验：学生就业质量及就业率检验。

25. 电子商务

学制：四年　　授予学位：管理学学士

（一）专业简介

电子商务专业设立于2003年，现为校级重点专业；拥有浙江省企业形象研究会学术委员会常务委员、浙江省高校优秀青年人才等一批理论与实务相结合的高水平师资队伍。本专业依托“全国高校电子商务联合实验室”平台，与全国各高校建立资源共享与人才交流培养机制；充分利用全国（杭州）跨境电商综合试验区、阿里巴巴实践教学基地与校创业孵化基地等，指导学生参与全国大学生电子商务大赛、“互联网+”大学生创新创业大赛等学科竞赛，培养学生创新创业能力与综合实践能力。本专业毕业生在读研深造、自主创业、名企任职三方面并驾齐驱。众多学子到国内外名校读研，也涌现一批公职人员楷模、创业明星以及在领袖企业就业的知名校友。

本专业以立德树人为根本，把思想政治教育和德、智、体、美、劳教育贯穿于人才培养全过程。在遵循国家教学质量标准基础上，对接“互联网+”背景下电子商务发展趋势及其对人才的新要求，设置“电商产品经理”和“电商综合运营”两大培养方向。前者包含电商产品及市场的调研、规划、设计、执行，通过管理学理论方法与计算机科学技术的交融，使学生掌握用户需求挖掘、产品设计开发、电商数据分析及组织协调沟通等知识与技能；后者注重行业或项目的电子商务运作，围绕品牌、推广、交易、物流等的系统化网络营销及商务管理，综合互联网思维、管理科学与信息经济，提升学生对电商运营问题的洞察力、理解力及对运营技术手段的综合创新应用能力。通过校企协同、企业高管等实务界精英进课堂、课程专业实训和跨专业综合模拟实训等举措，强化培养学生解决电子商务实际问题的能力。通过科研创新项目、学科竞赛等构建多元融合的创新教育体系，将创新创业教育与专业教育深度融合。

（二）培养目标

本专业致力于培养富有人文精神与科技洞见，通晓商业规律和管理理论，具有国际视野和生态文明意识，具备互联网创新创业素质，掌握电商基本理论与方法、国内外电商实践前沿，能够研究、发现、解决政府、企事业单位电子商务发展问题并进行有效管理、科学决策的复合应用型电商人才。

（三）核心课程

计算机网络、数据库技术、网页设计与网站建设、网络营销、交互式网站设计、供应链管理、管理信息系统、电子商务综合实训。

（四）专业优势

电子商务专业是国内较早批次设立的新兴战略产业专业，现为校级重点专业；拥有浙江省企业形象研究会学术委员会常务委员、浙江省高校优秀青年人才等一批理论与实务相结合的高水平师资队伍。近五年承担国家自然科学等省部级以上各类教学改革与科研项目 30 余项。专业充分利用地方电商园与校创业孵化基地，指导学生积极参与全国电子商务三创赛、全国大学生创新创业训练、浙江省电子商务大赛等各类学科竞赛，培养学生创新创业能力与综合实践能力。

（五）就业方向

电子商务专业学生毕业后可选择国内外高校相关专业继续深造，如南京大学、中国科学技术大学、首都师范大学、昆士兰大学、曼彻斯特大学等，或者到现代工商企业从事人力资源管理、生产运营管理、市场营销、财务管理、战略管理、服务管理等管理工作，也可在有关政府部门、学校和科研院所等行政事业单位从事管理、教学和科研等工作。

（六）招生情况

近三年本专业在浙江省招生录取分数如表 25-1 所示。

表 25-1 近三年本专业在浙江省招生录取分数

年份	科类批次	招生专业	录取	最高分	最低分	选考课程
2019	普通平行批	电子商务	35	605	589	不限
2020	普通提前批	电子商务（三位一体）	5	594	574	不限
	普通平行批	电子商务	31	601	592	不限
2021	普通提前批	电子商务（三位一体）	7	589	573	不限
	普通平行批	电子商务	20	592	584	不限

（七）具体方案

大学阶段的学习规划、职业规划尤为重要，职业生涯规划的好坏直接影响大学期间的学习生活质量，更直接影响求职就业甚至未来职业生涯的成败。根据大学不同时期的特点提出具体方案。

1. 一年级——生涯认知、自我探索阶段

教育主题：认知专业就业方向，培养自身专业兴趣。

运用方法：课程教学（包括新生研讨课、就业方向体验等）、企业参观、社会实践、专业测试问卷、学生组织的各种活动。

效果检验：结课论文的撰写、生涯人物访谈等；个人心得体会及成长经历；实践报告的编写。

2. 二年级——环境探索、方向锁定阶段

教育主题：探索电子商务专业工作环境，锁定今后就业方向。

运用方法：课程教学（包括行业发展介绍、就业方向分析等）、企业实践、社会实习。

效果检验：个人对行业发展的想法及思考；实习报告及成果的编写；职业生涯规划的制定。

3. 三年级——生涯发展、素质提升阶段

教育主题：了解电子商务专业工作岗位需求，提升个人能力素质。

运用方法：课程教学（包括岗位需求介绍、简历面试技巧等）、模拟训练、企业实习。

效果检验：岗位需求及个人能力对比分析；模拟训练成果；实习报告及成果的编写，对个人能力的认识。

4. 四年级——调整、适应、转换阶段

教育主题：做好毕业求职准备，掌握求职方法技巧。

运用方法：专项指导（包括具体企业文化分析、专门谈话辅导、工作机会提供等）。

效果检验：学生就业质量及就业率检验。

26. 金融工程

学制：四年　　授予学位：管理学学士学位

（一）专业简介

金融工程专业于2013年设立，是以数字金融、绿色金融为特色的金融类本科专业。本专业在农林经济管理博硕学位点和农业硕士点下专设绿色金融和农村金融方向，初步具备本硕博完整的人才培养体系；拥有一支由省“151人才”、省高校优秀青年教师等兼具行业背景组成的高水平师资队伍；依托农业农村部软科学重点研究基地、浙江省重点培育智库、Forest Policy and Economics中国区编辑部等平台开展教学和研究，已在绿色金融、农村金融等方面形成了独特办学特色和优势。学生毕业后既可选择国内外高校和科研机构继续深造，也可以到各类金融机构、政府和企业，从事金融产品创新、风险管理、投资理财、量化交易、公司金融等相关业务工作。

本专业以立德树人为根本，遵循OBE的育人理念，遵照金融类本科专业教学质量国家标准，融合新工科、新文科要求，更加契合经济高质量发展和生态文明建设以及“数字经济”“绿色金融”国家战略对高级应用型人才的需求；以计算机应用、英语、写作、经济管理等基础能力，数理金融、金融计量等金融数理能力，金融产品开发、金融风险管理、数字金融以及绿色金融等创新能力培养为目标；将人工智能金融数据建模、数字金融、绿色金融、金融风险管理、证券投资等课程内容与“金融创新”“证券投资”等学科竞赛和金融分析师、金融风险管理师、证券分析师等行业资格考试体系结合，实现创新创业教育融入课程教学与专业实践的育人目标。

（二）培养目标

本专业以立德树人为根本，旨在培养德、智、体、美、劳全面发展，具有良好的思想政治素质、人文素养、完整的人格、高尚的道德情操、坚定的职业操守，掌握数理统计学类、经济学类和金融学类的基本知识及计算机应用技术，金融工程的主要技术和方法，能够运用金融工具和数量分析方法解决金融领域的实际问题，具备较强的语言沟通和交流能力、业务操作能力、初步的产品创新和设计能力，能胜任证券、信托、保险、银行、投资等各类金融机构及相关企事业单位金融创新、风险管理、投资理财、量化交易、公司金融等相关业务工作的高级应用型金融工程人才。

（三）核心课程

金融工程、金融风险管理、金融计量学、证券投资学、公司金融、国际金融、商业银行经营与管理、金融工程专业综合实验。

（四）专业优势

本专业高度契合经济高质量发展和生态文明建设以及“数字经济”“绿色金融”国家战略对高级应用型人才的需求；以计算机应用、英语、写作、经济管理等基础能力，数理金融、金融计量等金融数理能力，金融产品开发、金融风险管理、数字金融以及绿色金融等创新能力培养为目标；将人工智能金融数据建模、数字金融、绿色金融、金融风险管理、证券投资等课程内容与“金融创新”“证券投资”等学科竞赛和金融分析师、金融风险管理师、证券分析师等行业资格考试体系结合，实现创新创业教育融入课程教学与专业实践的育人目标。拥有一支由省“151 人才”、省高校优秀青年教师等兼具行业背景组成的高水平师资队伍，聘请海外专兼职教授为学生授课，通过开展实务专家进课堂提升学生实务能力。

（五）就业方向

金融工程专业学生毕业后可选择国内外高校相关专业继续深造，如浙江大学、南京农业大学、中南财经政法大学、东华大学、香港科技大学、英国国王学院、昆士兰大学等；金融领域一直是社会公认的就业优选领域和高薪行业，毕业生可在银行、保险、证券、信托等金融部门从事金融工具创新、风险管理、资产管理等金融工作；还可考取公务员和事业编制，在事业单位、政府机关及其他相关部门从事与金融相关的教学、科研和管理工作。

（六）招生情况

近三年本专业在浙江省招生录取分数如表 26-1 所示。

表 26-1　近三年本专业在浙江省招生录取分数

年份	科类批次	招生专业	录取	最高分	最低分	选考课程
2019	普通提前批	金融工程（三位一体）	5	600	550	不限
	普通平行批	金融工程	47	601	590	不限
2020	普通提前批	金融工程（三位一体）	5	588	579	不限
	普通平行批	金融工程	36	599	592	不限
2021	普通提前批	金融工程（三位一体）	7	589	571	不限
	普通平行批	金融工程	31	589	583	不限

（七）具体方案

1. 一年级——探索阶段

（1）要达到的目标

帮助法学学生了解大学期间的学习生活与未来职业生涯的关系。让学生认识到当前的法学专业学习生活与未来的职业生涯是相互联系的，合理规划学习生活就是合理规划自己的人生与职业生涯。从而科学认识、合理规划自己的学习生活，初步树立起职业生涯发展的意识，为将来的职业生涯打下良好的基础。

（2）要开展的工作

①班主任、年级辅导员、班级学生辅导员开展学生指导、深度辅导和班级工作。帮助学生完成由中学到大学学习生活的转变和适应，融入新的集体生活中；指导学生选择性地参加社会和学生会、学生社团等组织的课外活动。

②《专业概论》课程。让学生初步了解法学专业和本院系校友发展概况、就业信息、职业分布等基本情况。

③大学生职业生涯规划主题讲座。让学生了解大学生职业生涯规划的基本概念；了解大学生职业生涯规划的意义与作用；了解大学生涯规划与职业生涯规划的关系；指导学生进行大学生涯规划。

④自我探索。指导学生进行自我探索，通过法学专业知识学习与各项课外活动，以及自我认知与探索的评估，初步了解自己的个性特点、价值观、兴趣、发展意愿等。

2. 二年级——定向阶段

（1）要达到的目标

使学生初步了解法律职业途径探索的基本方法，重点掌握静态的法律资料，接触动态的时事资源，接受、参与模拟法庭情境和真实情境，评估律师职业信息的方法与标准等内容，使学生逐步学会独立地探索职业、了解法律职业，进一步为以后的职业生涯规划做好准备。

（2）要开展的工作

①自我定位。指导学生在自我探索的基础上，全面分析自身特点，明确自己的兴趣和目标，考虑清楚未来是深造还是就业，是国内深造还是国外深造，开始了解相关方向的具体要求，对与自己定向目标相关的能力和素质开始做深入的准备，包括知识的、技能的、学术的以及资格的认证。

②职业信息探索策略与方法专题讲座。让学生了解职业信息的概念和特征；详细了解职业信息获取的渠道；了解职业信息收集时要把握的原则；掌握处理和评估职业信息的方法与标准。

③生涯人物访谈及成果分享活动。让学生通过与一定数量的法律职场人士（法学领域的职业从业者）会谈，帮助学生检验和印证以前通过其他渠道获得的信息，并了解与未来工作有关的特殊问题或需要，如潜在的入职标准、核心素质要求、晋升路径和工作者的内心感受，帮助学生正确认识自己的优势和不足，从而制订更加合理的大学学习生活和实习计划。

④社会实践和实习。组织学生亲自参与实践，如法官助理、模拟法庭以及法律诊所等，实际了解具体法律行业和职业中的酸甜苦辣，对实际工作有所认识，同时增加工作经验、结识业内人士，还可以通过实地考察来确定自己的职业偏好，为以后正式求职做准备。

3. 三年级——全面发展阶段

（1）要达到的目标

使学生初步达到法律职业的素质能力要求，重点围绕法学理论基础、应变能力、沟通能力、文字表达能力、良好的心理素质、团队合作能力、决策能力、自我管理能力等环节实地适应、训练，拓展基本的职业素质要求，为以后的职业生涯规划及顺利就业奠定基础。

（2）要开展的工作

①法学职业素质拓展专题讲座。让学生了解法学职业素质和能力的内容，掌握法学职业素质拓展的基本方法与途径。

②团体辅导。按照不同的主题（如适应能力、沟通能力、文字表达能力、团队合作能力、决策能力、自我管理能力、创新能力等），有计划、有步骤地分组开展团体辅导，运用团体辅导的方法和技术，给学生进行职业素质拓展训练。

③就业动员。让学生了解面临的就业形势，了解就业相关政策，了解就业流程，指导学生做出就业计划。

④就业实习和实践。指导学生根据自己的发展目标，参加兼职、专业实习或就业实习实践，在不断实践中深化对自己的认识，有意识地进行能力和经验积累，进一步思考大二初步选定的就业去向，确定毕业去向（出国、上研、就业、创业）。

4. 四年级——冲刺转换阶段

（1）要达到的目标

指导法学学生正视和了解自身的所长所需，能够科学评估各种机会，做出理性选择，更好地把握毕业选择这一重要机遇，为自己的人生发展奠定良好的基础，使毕业生尽快实现从校园人到法律人的转变。

（2）要开展的工作

①求职方法和技巧的指导。从简历制作、信息收集、笔试面试技巧等方面进行讲解和指导；进行分类的交流指导活动，如公务员考试面试指导、企业应聘指导、事业单位应聘指导等。

②具体就业政策、规定的指导。对学生在就业过程中遇到的具体的就业政策、就业规定开展团体或个体的咨询与指导。

③“一对一”深度辅导。针对学生的个体需求和情况开展“一对一”咨询和辅导，深入帮助学生解决面临的问题和困难。

④适应与转变指导。通过开展团体辅导和个体咨询，让学生了解法学专业的就业现状、从学生到律师的转换过程中可能面临的问题和挑战，在学生工作初期的心理调适和人际关系处理方面给予方法上的指导，帮助学生度过求职低谷期，营造积极向上的就业状态。

27. 法　学

学制：四年　授予学位：法学学士学位

（一）专业简介

法律行业是指从事国民经济中法律服务、法律研究、法律实践的经营单位或者个体的组织结构体系。从就业领域来看，法学专业的就业领域主要有政府机关审判机关、检察机关、公安机关、律师与公证业、企业法律顾问、金融业、新闻出版业、教育科研单位等。从社会需求来看，近年来，随着社会对法律人才多样化的需求，法学专业毕业生在就业上表现出多元化的特点。除传统的立法、检察审判机关等领域外，到国家机关、企事业单位和社会团体、法律服务机构等行业从事法律及其相关工作的人数日趋增加。从行业现状来看，随着经济社会的发展，法律人才的需求会越来越大，但是也存在结构性矛盾，法律人才分布不均衡，高素质法律人才普遍缺乏，以下类型的法律人才越来越受到青睐：熟练掌握一门或多门外语的涉外型法律人才、面向具体行业提供法律服务的复合型法律人才、相应领域提供专业法律服务的专家型法律人才、为法律机构提供行政管理，规范运作的法律管理人才。从行业发展前景看，党的十八届四中全会专门研究讨论了依法治国，并出台了《中共中央关于全面推进依法治国若干重大问题的决定》，为中国法律行业提供了难得的发展契机，法律行业就业环境将得到优化，社会对法律人才的需求也将扩容，为法学专业毕业生提供了更广阔的就业空间和发展机遇。

（二）培养目标

本专业培养具有扎实的法学理论基础和优化的司法实务能力，掌握外语和计算机应用技能，能适应社会需求的高素质法学人才。本专业坚持规范化建设，严格遵守教育部高等法学教育指导委员会所核准的法学专业必设的 14 门核心课程，使学生具有与同类学校较强的竞争能力，同时根据本校学科优势情况，特别是适应社会需要，设置多个学科课群。加强外语和计算机教学，重视社会实践和司法实习等实践教学环节，与法院和律所建立有固定的实践基地，比如和北京市海淀区人民法院有长期合作，可以随时选派学生去做法官助理，同时邀请法官来我校模拟法庭进行真实庭审。此外，还设有法律援助中心，开设法律诊所课程，选修此课程的学生有机会办理真实的民事代理案件，提高学生实务操作能力。本专业学制四年，授予法学学士学位。

毕业生作为能够适应社会主义市场经济发展需要的复合型法律人才，既可以继续深造，又可以从事立法、司法等法律实践工作，或者进入国家机关和企事业单位从事法务和管理工作，其中特别包括从事与环境、林业相关的法律及管理工作。

（三）具体方案

1. 一年级——探索阶段

（1）要达到的目标

帮助法学学生了解大学期间的学习生活与未来职业生涯的关系。让学生认识到当前的法学专业学习、生活与未来的职业生涯是相互联系的，合理规划学习生活就是合理规划自己的人生与职业生涯。从而科学认识、合理规划自己的学习与生活，初步树立起职业生涯发展的意识，为将来的职业生涯打下一个良好的基础。

（2）要开展的工作

①班主任、年级辅导员、班级学生辅导员开展学生指导、深度辅导和班级工作。帮助学生完成由中学到大学学习生活的转变和适应，融入新的集体生活中；指导学生选择性地参加社会和学生会、学生社团等组织的课外活动。

②《专业概论》课程。让学生初步了解法学专业和本院系校友发展概况、就业信息、职业分布等基本情况。

③大学生职业生涯规划主题讲座。让学生了解大学生职业生涯规划的基本概念；了解大学生职业生涯规划的意义与作用；了解大学生涯规划与职业生涯规划的关系；指导学生进行大学生涯规划。

④自我探索。指导学生进行自我探索，通过法学专业知识学习与各项课外活动，以及自我认知与探索的评估，初步了解自己的个性特点、价值观、兴趣、发展意愿等。

2. 二年级——定向阶段

（1）要达到的目标

使学生初步了解法律职业途径探索的基本方法，重点掌握静态的法律资料、接触动态的时事资源、参与模拟法庭情境和真实情境评估律师职业信息的方法与标准等内容，使学生逐步学会独立地探索职业、了解法律职业，进一步为以后的职业生涯规划做好准备。

（2）要开展的工作

①自我定位。指导学生在自我探索的基础上，全面分析自身特点，明确自己的兴趣和目标，考虑清楚未来是深造还是就业，是国内深造还是国外深造，开始了解相关方向的具体要求，对与自己定向目标相关的能力和素质开始做深入的准备，包括知识的、技能的、学术的以及资格的认证。

②职业信息探索策略与方法专题讲座。让学生了解职业信息的概念和特征；详细了解职业信息获取的渠道；了解职业信息收集时要把握的原则；掌握处理和评估职业信息的方法与标准。

③生涯人物访谈及成果分享活动。让学生通过与一定数量的法律职场人士（法学领域的职业从业者）会谈，帮助学生检验和印证以前通过其他渠道获得的信息，并了解与未来工作有关的特殊问题或需要，如潜在的入职标准、核心素质要求、晋升路径和工作者的内心感受，帮助学生正确认识自己的优势和不足，从而制订更加合理的大学学习、生活和实习计划。

④社会实践和实习。组织学生亲自参与实践，如法官助理、模拟法庭以及法律诊所

等，实际了解具体法律行业和职业中的酸甜苦辣，对实际工作有第一手的认识，同时增加工作经验、结识业内人士，还可以通过实地考察来确定自己的职业偏好，为以后正式求职做准备。

3. 三年级——全面发展阶段

（1）要达到的目标

使学生初步达到法律职业的素质能力要求，重点围绕法学理论基础、应变能力、沟通能力、文字表达能力、良好的心理素质、团队合作能力、决策能力、自我管理能力等环节实地适应、训练，拓展基本的职业素质要求，为以后的职业生涯规划及顺利就业奠定基础。

（2）要开展的工作

①法学职业素质拓展专题讲座。让学生了解法学职业素质和能力的内容，掌握法学职业素质拓展的基本方法与途径。

②团体辅导。按照不同的主题（如适应能力、沟通能力、文字表达能力、团队合作能力、决策能力、自我管理能力、创新能力等），有计划、有步骤地分组开展团体辅导，运用团体辅导的方法和技术，给学生进行职业素质拓展训练。

③就业动员。让学生了解面临的就业形势，了解就业相关政策，了解就业流程，指导学生做出就业计划。

④就业实习和实践。指导学生根据自己的发展目标，参加兼职、专业实习或就业实习实践，在不断实践中深化对自己的认识，有意识地进行能力和经验积累，进一步思考大二初步选定的就业去向，确定毕业去向（出国、考研、就业、创业）。

4. 四年级——冲刺转换阶段

（1）要达到的目标

指导法学学生正视和了解自身的所长所需，能够科学评估各种机会，做出理性选择，更好地把握毕业选择这一重要机遇，为自己的人生发展奠定良好的基础；使毕业生尽快实现从校园人到法律人的转变。

（2）要开展的工作

①求职方法和技巧的指导。从简历制作、信息收集、笔试面试技巧等方面进行讲解和指导；分类进行交流指导活动，如公务员考试面试指导、企业应聘指导、事业单位应聘指导等。

②具体就业政策、规定的指导。对学生在就业过程中遇到的具体的就业政策、就业规定开展团体或个体的咨询与指导。

③“一对一”深度辅导。针对学生的个体需求和情况开展“一对一”咨询和辅导，深入帮助学生解决面临的问题和困难。

④适应与转变指导。通过开展团体辅导和个体咨询，让学生了解法学专业的就业现状，从学生到律师的转换过程中可能面临的问题和挑战，在学生工作初期的心理调适和人际关系处理方面给予方法上的指导，帮助学生度过求职低谷期，营造积极向上的就业状态。

28. 城市管理

学制：四年　　授予学位：管理学学士学位

（一）专业简介

浙江农林大学城市管理专业从2004年开始招生，是我国首批开设此类专业的大学之一。近年来，专业综合水平一直位居“中国城市管理专业大学竞争力排行榜”首位，拥有高水平的专业师资团队，具有博士学位的老师占比达87%，师资梯队结构科学合理。专业设有“城市综合执法管理”与“智慧城市与社区治理”两个方向，打造在城市综合行政执法、城市生态与环境治理、城市数字化管理和社区治理领域的专业特色，形成本科生、研究生一体化的人才培养体系。

本专业紧扣当前城市发展前沿需求，以培养具备现代治理理念、创新精神和实践应用能力的高素质城市管理人才为导向，围绕“城市综合执法管理”“智慧城市与社区治理”两个核心方向，按照导向需求原则，反向设计课程体系，以课堂教学、“互联网+教学”、实验实习、科技创新、政校合作、社会服务和创业实践等多平台为依托，强化基础教育与专业培养的深度融合，以多元联动型学业评价为驱动，形成教学、科研、培训和咨询一体化的协同开放式特色人才培养模式。

（二）培养目标

本专业旨在培养德、智、体、美、劳全面发展的，掌握现代城市发展与治理基础理论，具有管理学、社会学、政治学、法学、经济学等宽厚基础知识，拥有分析、解决城市管理问题的技术与方法，养成生态文明意识、创新精神、法治理念、数字化治理理念与现代城市治理思维，兼具专业知识、实操能力与社会责任，能在城市执法管理、城市数字化治理、城市公共政策、城乡规划与建设管理、城市生态与环境治理、城市社区管理、市政公用事业管理等领域从事城市管理工作及专业研究的高级应用型人才。

（三）核心课程

城市学、城市经济学、城市社会学、城市规划原理、城市管理学、管理心理学、社会调查理论与方法、城市社区管理、社会统计软件应用、城市管理法律法规、城市数字化管理、智慧城市管理、项目决策与管理、城市应急管理、城市环境管理等。

（四）专业优势

本专业是我国高校最早开设的城市管理专业之一，已形成教学、科研、培训和咨询为特色的综合性功能结构和本科生、研究生一体化的人才培养体系。本专业在全国同类专业中始终名列前茅，近四年分别位居“全国城市管理专业大学竞争力排行榜”第 8 名、第 4 名、第 6 名和第 6 名。

（五）就业方向

毕业生就业前景良好，可从事城乡规划与建设管理、城市执法管理、城市环境管理、城市社区管理、市政公用事业管理等领域的工作。

（六）招生情况

近三年本专业在浙江省招生录取分数如表 28-1 所示。

表 28-1　近三年本专业在浙江省招生录取分数

年份	科类批次	录取	最高分	最低分	平均分	选考课程	省控线
2019	普通平行批	27	592	589	589.9	不限	一段线 595 二段线 496
2020	普通平行批	21	595	591	591.8	不限	一段线 594 二段线 495
2021	普通平行批	11	590	584	585.5	不限	特控线 589 一段线 495

（七）具体方案

1. 培养要求

本专业学生主要学习现代城市管理科学的基本理论和基本知识，接受现代先进城市管理方法、管理人员素质和基本能力的培养和训练，具有城市公共事务管理的思维与能力，掌握现代城市管理理论、技术与方法，能从事城市管理部门的工作，具有规划、协调、组织和决策的基本能力。

2. 毕业生能力要求

（1）掌握城市管理科学政治学、经济学、行政学等现代科学的基本理论和基本知识；

（2）熟悉国家有关城市规划、建设及管理的法律法规、方针政策和制度；

（3）了解国内外城市管理的发展动态和发展趋势；

（4）具有城市信息化系统管理的能力；

（5）具有进行城市综合管理所需的数据收集和处理，并进行统计分析的基本能力；

（6）具有较强的社会调查和语言表达与写作能力，以及进行自我知识更新的能力；

（7）掌握文献检索、资料查询的基本方法，具备一定的科研能力和较强的实际工作能力。

29. 英　语

学制：四年　　授予学位：文学学士学位

（一）专业简介

英语专业从2000年开始招收本科生，2015年开始招收“涉农商务英语”和“中外比较艺术”方向硕士研究生；拥有一支治学严谨、教风优良、教学经验丰富的师资队伍，常年聘有以英语为母语的外籍教师4~6人。本专业以“厚基础、高技能、强素质”作为人才培养指导思想，注重学生专业能力培养和个性化分类培养相结合，不断强化课堂教学质量，重视英语演讲辩论、翻译实践、英语戏剧表演、专业社会实践等二、三课堂素质训练；学生每年在浙江省一类学科竞赛中均获得一、二等奖，在其他学科竞赛中也成绩斐然；每年专业四、八级通过率均超过全国平均通过率40%以上。毕业生国内外研究生录取率为30%左右，就业率稳居98%以上，深受用人单位好评。

本专业坚持立德树人，强调学生德、智、体、美、劳各方面的发展。本方案突出了英语语言及文化的专业本质，注重学科交叉、多元能力培养，为学生提供“文+文”（英语+茶文化、英语+汉语言文学）、“文+工”（英语+风景园林）、“文+农”（英语+农学）等学科交叉课程体系，凸显了文化传播特色，彰显了农林院校服务现代农林业发展的强烈使命。

（二）培养目标

本专业培养具有良好的综合素质、扎实的英语语言基本功、厚实的英语语言文学知识、中国情怀、较宽广的国际视野、较强的人文素养、良好的跨文化交际能力、教育教学能力、文化传播能力、生态人文观和创新创业能力，同时具有农林业、竹茶文化等方面的专业知识，能在文化、教育、经贸、农林业、外事、科研等部门从事翻译、教学、管理、研究等工作的英语复合交叉型人才。

（三）核心课程

基础英语、英语听力、英语交际口语、高级英语、英语国家概况、跨文化交际、英语语言学导论、英美文学史及选读、翻译理论与实践、实用英语翻译、口译、英语演讲、英语经典作品赏析、农业文化与翻译、英美自然文学赏析等。

（四）专业优势

以“分层分类、专业融合”为特色，设有“英语语言与教育”和“文化传播”两个专业方向模块。其中，英语语言与教育模块注重丰富学生的英语语言、文学和教育知识，引导学生今后考研、出国深造或者从事英语教育工作；文化传播模块注重学生的文化输入和国际传播，要求学生在学习国外文化的同时，加强对中国文化的理解，适应“一带一路”的文化传播需求，引导学生从事中国文化的推广工作。

（五）就业方向

企事业单位、英语教育和培训机构，经贸、文化、农林业、外事、科研等部门和单位。

（六）招生情况

近三年本专业在浙江省招生录取分数如表 29-1 所示。

表 29-1　近三年本专业在浙江省招生录取分数

年份	科类批次	录取	最高分	最低分	平均分	选考课程	省控线
2019	三位一体	10	596	563	579.6	不限	一段线 595
	普通平行批	59	606	593	596.1	不限	二段线 496
2020	三位一体	10	596	566	584.6	不限	一段线 594
	普通平行批	99	608	593	595.1	不限	二段线 495
2021	三位一体	10	594	566	580.5	不限	特控线 589
	普通平行批	103	597	584	586.8	不限	一段线 495

（七）具体方案

1. 学习内容

（1）大类一：专业必修类课程大类

［语音类课程］本课程由浅入深地进行各个阶段与层次的语音教学，包括语音课、听力课、演讲课、辩论课以及口译课。

［翻译类课程］本课程主要包括口译与笔译。必修类翻译课程为基础课程，旨在让学生掌握基础的翻译技能，牢记基本翻译理念，培养良好的翻译习惯。

［文学类课程］本课程主要学习文学理论，各种文学体裁，包括小说、诗歌、戏剧等。

［写作类课程］本课程主要学习如何进行学术写作，主要为议论文文体。帮助学生养成良好的学术写作习惯，培养逻辑思维能力。

［第二外语类课程］第二外语学习从大二开始，总计 4 个学期。可从西班牙语、法语、德语、日语等学院开设的第二外语语种中进行选择。

（2）大类二：专业选修类课程

［社会学方向课程］本课程主要学习社会学相关理论、社会学研究方法，并提高学生关注社会问题的意识。

［政治学与国际关系方向课程］本课程主要学习政治学和国际关系学基本流派和理

论，阅读相关学术著作，并进行讨论，以提高学生的思辨能力和国际视野。

［翻译类课程］本课程主要学习翻译理论和各种文体的翻译技巧。与必修类翻译课程相比较，选修类翻译课程难度更大，更细化。口译又分为同传和视译，笔译文体又细分为文学类翻译、科技类翻译、政治文件类翻译等。

［语言学类课程］学习语言学相关理论，完成相关学术论文的撰写。

2. 毕业要求

英语专业要求掌握实践翻译技能，能够胜任各类型笔译以及基本口译任务。做到准确翻译，并有良好的翻译素养与翻译道德；掌握相关文学知识。能够对各种文学体裁进行有效的解读，并应积累广泛的阅读量；掌握扎实的学术写作能力和养成良好的学术写作习惯。能进行专业的学术写作，完成学科论文和毕业论文的撰写；提高对于社会学问题、政治学以及国际关系问题的敏感度和意识，并能对相关问题进行批判性解读；能够具有迅速学习新知识的能力以及对问题的辩证思维能力。

30. 广告学

学制：四年　　授予学位：文学学士学位

（一）专业简介

本专业设立于2000年，浙江省重点建设专业；按照一流本科专业建设的要求，依托学校新闻传播学学科平台，培养创意、创作、创新、创业的“四创”人才；发挥专业实践教学优势，经过多年的发展，形成了自己的办学特色，在国内有一定的知名度，被中国广告行业权威杂志《中国广告》评为中国广告30年优秀教学单位，入选中国大学生广告艺术节学院奖“名校栏目”，获得全国大学生广告艺术大赛优秀院校、中国大学生广告艺术节学院奖优秀组织奖、金牌组织院校称号，学生共获得各类广告学科竞赛等级奖励1900多项。现有新闻传播学专业教授、省高校教坛新秀、省“151人才”、中国广告协会学术委员会委员各层次人才多名。

本专业立足于广告学、传播学、营销学等学科交叉生长点，结合行业和经济发展需求，坚持以培养“一岗多能”的高级应用型人才为目标，人才培养规格明确；彰显专业技能训练，形成以学科竞赛打造全面广告人才的能力提升培养模式，学科竞赛成效显著；突出专业能力和创业能力，构建“三类三层”目标迭代创新的课程结构，课程体系特色鲜明；以专业实习为突破口，服务国际一线品牌，提升专业实践教学价值，打通学生进入国际一流公司实习、就业的通道，实践教学融通国际。

（二）培养目标

本专业教育教学坚持以马克思主义为指导，坚定正确的政治方向，以国家政治、经济和文化建设发展需求为基本原则，培养德、智、体、美、劳全面发展，具有生态文明意识、深厚人文素养基础与创新创业精神，掌握广告学理论与技能，熟悉现代传媒、创意、营销、公关、会展、创业等知识，具备广告文案与策划、广告创意与设计、新媒体与数字营销传播等能力，能在新闻媒介广告部门、广告公司、市场调查与信息咨询行业、政府部门、文化创意与策划行业、企事业单位，从事广告运作、策划创意、营销推广、形象塑造、信息传播工作的广告学高级应用型人才。

（三）核心课程

广告学概论、广告策划与创意、广告设计、广告文案写作、数字与新媒体营销传播、广告数据管理与效果分析、影视广告创作、电脑图文设计、广告经营与管理、品牌策划与传播、广告心理学、广告美术等。

（四）专业优势

本专业是浙江省重点建设专业、浙江省省级一流本科专业。

（五）就业方向

在广告行业、新闻媒体广告部门从事广告策划与创意、广告设计与制作、广告经营与管理、新媒体运营与推广等工作；在创意、咨询公司从事项目策划、运作与管理等工作；在会展、公关公司从事会展、公关活动的策划、管理、设计等工作；在企事业单位从事营销传播、组织形象传播、市场推广、对外宣传等工作。

（六）招生情况

近三年本专业在浙江省招生录取分数如表 30-1 所示。

表 30-1　近三年本专业在浙江省招生录取分数

年份	科类批次	录取	最高分	最低分	平均分	选考课程	省控线
2019	普通平行批	30	609	594	596.7	不限	一段线 595 二段线 496
2020	普通平行批	39	603	595	596.5	不限	一段线 594 二段线 495
2021	普通平行批	45	602	586	589.4	不限	特控线 589 一段线 495

（七）具体方案

1. 知识要求

（1）掌握广告学相关理论知识和基本业务技能，拥有比较广博和扎实的人文学科和社会科学基本知识。

（2）了解中国共产党和国家新闻宣传的方针、政策和相关法规。

（3）掌握业界发展现状与变化趋势，了解外国行业和专业发展动态。

（4）了解并掌握计算机和现代新媒体技术基础知识以及相关应用。

（5）熟练掌握一门外语，在外语的听、说、读、写、译方面达到较高的实际应用水平。

（6）掌握科学的辩证思维方法，具有基本的人文社会科学调查研究能力。

（7）掌握媒介经营管理的相关原理和知识，具备一定的市场营销、媒介调查、媒体策划与运营等方面的知识和能力。

（8）了解并掌握创新创业的基本知识与技能，具备创新思维与一定的创业素质与能力。

2. 能力要求

（1）具备与广告类工作相适应的理论学习能力，并掌握持续学习的方法。

（2）具备与广告实践的发展变化相适应的业务动手能力和实践创新能力。

（3）具备良好的语言文字表达能力与沟通能力。

（4）具备计算机和现代新媒体技术的应用能力。

（5）掌握社会科学研究的基本方法，具备初步的社会科学调查与研究能力。

3. 就业概况

社会发展速度越快，各行业对广告的需求越强烈。广告学专业本科毕业生可以选择到国际性大型广告公司工作，在这类企业中分工明确，可以选择喜欢的环节，如客户执行、策略企划、文案创意、美术、媒体等，通过深入实践工作不断发挥自己的专长；也可以选择到相对较小的广告公司工作，完整地参与广告运作流程，对综合专业能力和学习能力的提高都有很大的帮助。

本专业就业区域在全国范围内分布较均衡，更多的机会集中于北京、上海、广州、深圳、武汉等地。就业单位有广告公司、媒体（电视、报纸、期刊、融媒体中心等）企业、政府部门等。随着科技的进步，某些先进技术在商业领域得到应用，广告作为先锋，始终走在前沿，在具备一定科学技术的同时，有市场嗅觉、有创意的高素质人才将会成为广告界的宠儿。

31. 汉语言文学

学制：四年　　授予学位：文学学士学位

（一）专业简介

汉语言文学专业于2005年设立，以浙江经济和社会文化发展需求为导向，依托浙江农林大学“农林”“生态”两大特色，丰富专业内涵，经过10多年的发展与积累，在生态文学教育、文学与新媒体融合等方面形成了自己的特色。中国语言文学学科是学校重点建设学科，学科教师专业基础扎实，爱岗敬业，50岁以下教师全部具有博士学位或博士在读。汉语言文学专业已经为国家培养了上千名毕业生，他们分别在党政机关、企事业单位、教育及科研院所等部门工作，深受用人单位的好评。毕业生考研大多考取伦敦大学、浙江大学、南开大学等国内外著名高校，就业率稳居98%以上。

本专业紧密结合国家全面推进新文科建设的要求，弘扬中华优秀传统文化，推动教育模式创新。注重培养学生的综合素质和实践能力，课程设置上既考虑让学生奠定比较扎实的人文基础，培养激发他们的创造才能，又注意拓宽学生的知识面，使他们对历史与哲学、新闻与艺术、经济与管理等人文社会学科有一定的了解，并掌握一定的现代科学基础知识和企业管理知识，使学生具备多种发展的可能性。学科依托浙江省生态文化研究中心、浙江农林大学生态文明研究中心和汉语国际推广茶文化传播基地的雄厚师资力量，以及浙江农林大学的农林特色优势资源，注重对学生的生态文化教育。同时加强与地方和社会的联系，锻炼学生的社会工作能力，使之成为堪当民族复兴大任的新时代文科人才。

（二）培养目标

本专业旨在培养具有丰富扎实的汉语言文学知识，掌握与中文专业相关的历史、哲学、艺术、新闻传播等学科的基本知识，具有创新精神与创业能力、生态文明意识、国际视野及较深厚的人文素养的高素质复合交叉型人才，能在党政机关和企事业单位从事行政管理及文秘宣传，在新闻及出版部门从事文案策划与采编，在教育及科研院所从事教学和研究等工作，适应新时代哲学社会科学发展的新要求。

（三）核心课程

中国古代文学、中国现当代文学、外国文学、古代汉语、现代汉语、文学概论、写作、文秘学、演讲与口才、新闻理论与实践等。

（四）专业优势

本专业是学校重点建设基础学科，任课教师大多拥有名牌大学博士学位，着重培养生态文化、文学写作和新媒体交叉融合的复合型人才。

（五）就业方向

毕业生适宜到文化部门从事写作、研究、编辑、出版等工作，或者到机关、学校、企事业单位从事管理、教学、公关、企划、宣传等工作。

（六）招生情况

近三年本专业在浙江省招生录取分数如表 31-1 所示。

表 31-1　近三年本专业在浙江省招生录取分数

年份	科类批次	录取	最高分	最低分	平均分	选考课程	省控线
2019	普通平行批	31	616	599	601.5	不限	一段线 595 二段线 496
2020	普通平行批	59	606	599	600.8	不限	一段线 594 二段线 495
2021	普通平行批	69	603	592	594.2	不限	特控线 589 一段线 495

（七）具体方案

1. 培养要求

本专业学生主要学习汉语言文学方面的基础理论和基本知识，接受人文社会科学及相关方面的基本训练，掌握审美鉴赏创造性思维、从事本学科领域科学研究以及综合运用所学知识进行社会实践诸方面的基本能力。

2. 毕业生能力要求

（1）掌握汉语言文学学科的基础理论、基本知识；

（2）掌握汉语言文学及相关文化现象的分析方法；

（3）具有语言文字表达，人文知识普及，运用专业知识在本领域发现问题、分析问题、解决问题的基本能力；

（4）熟悉国家在汉语言文字以及文学创作传播和研究方面的政策和法规；

（5）了解本学科领域的理论前沿及发展动态，具有较宽广的文化视野；

（6）具有不断获取新知识的能力以及一定的科学研究和实际工作能力，具有一定的批判性思维能力。

3. 就业前景

该专业的学生需要通过学习汉语和中国文学方面的知识，受到有关理论、发展历史、研究现状等方面的系统教育和业务能力的基本训练。培养出具有汉语言文学基本理论知识和基本技能，能在新闻文艺出版部门、科研机构和机关企事业单位从事文学评论、汉语言文学教学与研究工作，以及文化、宣传方面的实际工作的汉语言文学专门人才。

汉语言文学专业的就业方向是非常广阔的，不只是局限在语文教师这个方向。可以从事公务员、新媒体运营、文秘/行政助理、广告策划、活动运营等各种与文案及表达相关的工作岗位。比较推荐的行业有政府机关、影视/文化传播、广告、新媒体等，都属于热门行业。

32. 动物科学

学制：四年　　授予学位：农学学士学位

（一）专业简介

动物科学专业由畜牧学浙江省一流学科、动物营养与饲料科学浙江省重点学科支撑，于2006年开始招生，为浙江省新兴特色专业。现有专任教师58人，其中教授11人、副教授18人，33名教师有海外留学背景。学科依托浙江省畜禽绿色生态健康养殖应用技术研究重点实验室、动物健康互联网检测技术浙江省工程实验室、中澳动物健康大数据分析联合实验室等平台，着力培养学生适应浙江省畜牧产业高质量发展对知识、创新能力的要求；与国外高水平大学联合开展“2+2”人才培养，提升学生对学科前沿的认知，拓展学生的国际视野。

（二）培养目标

本专业旨在培养德、智、体、美、劳全面发展，掌握动物遗传变异、生长发育、生育繁殖、营养代谢等基本理论，动物品种、饲料配合、环境控制、健康管理等基本知识，以及畜牧业可持续发展相关的调查、分析、评估、试验、设计等基本技能，具备一定的动物科学专业领域的综合分析和解决问题的能力，以及先进的生态文明理念、扎实的职业素质拓展基础、较强的动物福利和动物保护意识等基本素养，能在畜牧业管理部门及相关企业、海关、自然保护区、动物园、宠物产业、生物医药等动物科学相关领域或部门从事技术与设计、推广与开发、经营与管理、教学与科研以及创新创业等工作的高级应用型人才。

（三）核心课程

动物营养学、饲料学、动物遗传学（双语）、动物育种学（双语）、动物繁殖学、单胃动物生产学、反刍动物生产学、动物福利学（双语）。

（四）专业优势

本专业以新农科建设为引领，突出浙江省畜牧业高水平发展的产业需求和产出导向，培养具有扎实专业素养、较强职业素质拓展能力和国际化视野的高级应用型人才。主要包括以下特色。

（1）人才培养标准化：对标动物科学专业国家标准和专业认证标准，系统学习动物科学专业的基本知识和技能。同时，延伸学科内涵，拓展学生专业认知，开展生物类、生态类、环境类教育，着力培养学生的生态文明意识。

（2）实践教学核心化：依托浙江省畜禽绿色生态健康养殖应用技术研究重点实验室、动物健康互联网检测技术浙江省工程实验室、中澳动物健康大数据分析联合实验室等平台，注重学生实践创新能力的培养，将实践教学环节学分比例提升至25.9%，建立了以科研训练为核心的实践教学路径。

（3）素质培养信息化：为适应畜牧产业新业态发展的需求，设置了数字畜牧业、学科前沿、学科新技术等一批新课，着力培养学生追踪学科发展前沿的能力。注重学生能力素质拓展教育，开设跨学科课程，着力培养学生立足学科发展、服务新时代乡村振兴战略的能力。

（4）课程培养国际化：依托国际化师资队伍、海外暑期实践访学以及双语课程，建立了以社会适应能力和国际化视野提升为目标的人才培养模式。

（五）就业方向

毕业生可在各级政府部门、进出境和国内各级动植物检疫机构、卫生监督检验机构、高校、研究院所、企业集团等行政部门、企事业单位从事行政执法、教学科研、新产品研制、商品监督检验、食品生产的卫生管理监督及产品质量检测、科技推广等工作。

毕业生可到国内外名校和科研院所深造（如美国普渡大学、澳大利亚默多克大学、浙江大学、中国农业科学院、中国农业大学、南京农业大学等），也可就职于知名动物生产企业和生物技术公司（如华大基因科技有限公司、正大集团、新希望集团有限公司、温氏食品集团股份有限公司、大北农科技集团股份有限公司等），或就职于各地区农业局、畜牧兽医局等事业单位，还可就职于野生动物保护与利用行政管理部门、动物园、自然保护区等，以及从事动物产品加工（如双汇投资发展股份有限公司、光明乳业股份有限公司、浙江华统集团有限公司等）相关工作。

（六）招生情况

近三年本专业在浙江省招生录取分数如表32-1所示。

表32-1 近三年本专业在浙江省招生录取分数

年份	科类批次	招生类别	招生专业	录取	最高分	最低分	选考课程
2019	普通类提前录取	免学费	动物科学	13	621	583	物理或化学或生物
2020	普通类提前录取	免学费	动物科学	23	594	581	物理或化学或生物
2021	普通类提前录取	—	动物科学	24	593	570	物理或化学

（七）具体方案

根据大学不同时期的特点，将大学分为四个阶段：大一探索期、大二规划期、大三实践期、大四就业期。

1. 一年级——生涯认知、自我探索阶段

在新生入学阶段，针对不同专业，对新生开展职业生涯不同方向的教育，如专业概论课程。专业教师会为大一新入学的同学讲述动物科学专业的发展方向、今后的就业方向以及学院对动物科学专业学生的要求，让大一新生对自己的大学生活、职业生涯有一个初步的了解。在这些课程上，本专业各种不同的发展方向都会被学生所了解。

2. 二年级——环境探索、方向锁定阶段

经过一年的学习和工作，大二的学生基本都能了解到大学和高中是差别很大的，学习不再是生活中唯一的元素。参加团委学生会、担任班干部的学生能力会提高得很快，不管是语言表达能力还是组织协调能力，远远比其他同学要高出一个层次。大学就像一个小社会，如果在这个时候不锻炼自己的处事能力，将来走向社会会落后别人很多。

3. 三年级——生涯发展、素质提升阶段

大学三年级，大多数的学生已经找到自己以后的目标定位。无论是考研、出国、企业就业，每个人都有自己的方向。学院在这个时候会为学生准备各种考研讲座、考公务员讲座，以及为学生提供好的实习实践课程的机会。在这一年，学生对自己大学之后的人生进行了最后的规划和发展，未来的路基本明朗。

4. 四年级——调整、适应、转换阶段

到了大四，学校的课程会变得很少，在这个时候，学生为自己考研和工作做着最后的努力，并做出相应的职业发展规划。每个阶段的前进方向和短期目标要制定好，目标一旦确定就勇敢地往下走，用日积月累的时间来提升和改变自己，让自己离目标越来越近。另外，充分利用毕业前在校学习的时间，为自己补充所需的知识和技能。

33. 动物医学

学制：四年　　授予学位：农学学士学位

（一）专业简介

本专业设立于2012年，2019年获批浙江省一流本科专业建设点，为浙江省定向培养基层农技人员的7个专业之一。本专业依托兽医学科和畜牧学科（浙江省一流学科），师资队伍100%博士，52%的教师具有海外留学经历，拥有美国执业兽医博士（DVM）2人、中国执业兽医师18人。本专业建有中澳动物健康大数据分析联合实验室、浙江省畜禽绿色生态健康养殖应用技术研究重点实验室、全国高校兽医领域第一个通过中国计量认证（CMA）的第三方检测中心和教学动物医院等实践教学平台，拥有国家虚拟仿真实验教学项目等金课，聚焦“同一世界·同一健康”理念，培养高级应用型人才。

（二）培养目标

本专业以培养卓越兽医师为根本目标，秉持“同一世界·同一健康”理念，旨在培养德、智、体、美、劳全面发展，能够服务于我国和浙江省畜牧业安全生产、伴侣动物医疗保健、人类公共卫生健康、野生动物保护救护、动物性食品安全等行业领域，能够胜任动物疾病诊疗与防控、动物卫生监督管理、动物源性食品安全与人畜共患病防控等工作，保障我国动物和人类健康安全，培养具有牢固的专业素质、创新创业能力和国际化视野的高级应用型卓越兽医人才。

（三）核心课程

动物解剖学、动物组织胚胎学、动物生理学、动物生物化学、兽医微生物学（双语）、兽医免疫学、兽医药理学、兽医病理学、兽医传染病学、中兽医学。

（四）专业优势

本专业依据国家质量标准，结合动物医学专业三级认证要求、新农科建设，坚持立德树人，深化通专融合，推进金课建设，提升学生国际化视野，深化协同育人，主要包含以下特色。

（1）思政课程全域化：将课程思政和劳动教育贯穿专业课教学全过程，通过“教室—寝室—实验室—办公室”，打造“四位一体”文化育人和思政育人体系。

（2）人才培养模块化：结合区域经济发展的人才需求特点，制定了执业兽医（小动物·伴侣动物）和官方兽医（大动物·食品动物）两个模块，构建了以“课堂—实验室—兽医院—企业—国外名校”五要素为主要特色的课内课外、校内校外、国内国外三级融合实践教学体系。

（3）实践教学核心化：依托面向社会开放的第三方检测实验室、虚拟仿真实验室和教学动物医院，注重学生实践创新能力的培养，将实践教学环节学时比例提升至40.12%，建立了以科研训练和临床诊疗为核心的实践教学路径。

（4）素质培养信息化：强化数理化、计算机与信息素养、大学写作等课程融合，注重结果导向，重点培养学生的思维判断能力；实验室采用LIMS数字化信息管理系统，创建了以实践教学与现代信息技术深度融合为特色的卓越兽医本科人才培养方法。

（5）课程教学国际化：依托国际化师资队伍、海外暑期实践访学以及双语和全外语课程，建立了以社会适应能力和国际化视野提升为目标的人才培养模式。

（五）就业方向

动物医学专业的学生毕业后可从事畜牧兽医行政管理、进出口动物及其产品的检验、肉品卫生检验、饲料工业、食品安全、环境保护、畜禽疾病的诊断与防治、伴侣动物医疗保健、实验动物、比较医学、公共卫生及生物学领域等方面的工作。毕业生还可到国外名校和国内“双一流”高校继续深造（如澳大利亚默多克大学、浙江大学、中国农业大学、华中农业大学等），也可选择就职于各地海关、农业局、畜牧兽医局等单位（如宁波海关、德清农业局、象山畜牧兽医局等），还可以选择动物医院、大型养殖场、兽用疫苗和药品企业等上市企业（如新瑞鹏宠物医疗集团、温氏股份、勃林格殷格翰动保公司、海正药业等），是目前中国最受欢迎的黄金专业。

（六）招生情况

近三年本专业在浙江省招生录取分数如表33-1所示。

表33-1 近三年本专业在浙江省招生录取分数

年份	科类批次	招生类别	招生专业	录取	最高分	最低分	选考课程
2019	普通类提前录取	三位一体	动物医学	10	599	562	物理或化学或生物
	普通类提前录取	免学费	动物医学	20	607	590	物理或化学或生物
2020	普通类提前录取	定向农技	动物医学（定向）	18	632	575	物理或化学或生物
	普通类提前录取	免学费	动物医学	29	624	588	物理或化学或生物
2021	普通类平行录取	定向农技	动物医学（定向）	9	638	600	物理或化学
	普通类提前录取	免学费	动物医学	57	600	576	物理或化学

（七）具体方案

1. 主要职业能力

（1）具备对新知识、新技能的学习能力和创新创业能力；

（2）具备完成病料采集及送检、病理检验、微生物检验及血、粪、尿检验等技术操作及分析等工作的能力；

（3）具备完成动物检疫检验及检后处理、报告出具、动物卫生监督执法等工作的能力；

（4）熟练掌握动物（宠物）疾病的临床检查、实验室检查、病理剖检、疾病诊断分析、处方的开写、治疗、疫病防控等专业知识和技能；

（5）掌握养殖场、动物医院等综合实体的生产经营管理的基本技能；

（6）掌握涉农专业技术推广的基本技能。

2. 就业概况

动物医学专业就业区域覆盖全国，但需求量比较集中的地区有北京、上海、天津、广东、内蒙古等。就业单位主要有各省市畜牧局、出入境检验检疫局、森林动物园、宠物医院、大型牧场以及各大生物科技公司及肉产品生产企业，例如，正大集团、中粮集团、华都肉鸡公司、双汇集团、金锣肉制品集团等。本专业近三年就业率较为可观，本科毕业生平均薪资处于全国毕业生薪资的中等水平，硕士毕业生的就业面更广，就业机会和薪资水平较本科生有较大的优势，因此建议本专业学生攻读硕士及以上学位。无论是传统的畜牧养殖生产行业，还是新兴的宠物健康护理行业，都促使动物医学专业的人才需求量呈上升趋势，因此该专业毕业生未来的薪资待遇将会有较大的提升。

34. 视觉传达设计

学制：四年　　授予学位：艺术学学士学位

（一）专业简介

我校视觉传达设计专业创办于1993年，是浙江省较早设立的设计专业之一。本专业以地方经济和社会文化发展需求为导向、农林生态与网络视觉艺术设计为特色，现拥有一支专业水平较高、教学经验丰富的高层次师资队伍，建有浙江省艺术基础实验教学示范中心、设计学校级重点学科与设计学一级学科硕士点，已形成较为成熟的本硕完整人才培养体系，为社会输送大批卓越人才。

本专业以互联网时代的视觉设计为战略定位，专注视觉艺术与设计，加大师资队伍建设力度，形成以跨媒体综合网络视觉设计为主导、平面设计为基础、传统艺术与工艺设计为特色的教学课程体系。通过对自主学习、专业设计以及专业拓展等的人才培养目标能力的梳理，通过专业设计与实践课程设置，采用引入与输出等手段，强化校地、校企合作教育，聘请校外实践导师和设立设计实习实践基地，推进产学研协同育人。

（二）培养目标

本专业培养德、智、体、美、劳全面发展，具有现代生态文明意识、设计意识和专业设计素养，掌握交互设计、网络及新媒体设计、品牌策划与设计、广告设计、包装设计、书籍印刷品设计、传统工艺与艺术等方面的理论和技能，拥有创新精神和创业能力，能够在企事业单位从事品牌策划与设计、网络及新媒体设计、广告设计、包装设计、商业插画等方面工作的高级应用型人才。

（三）核心课程

标识设计、商业插画、包装设计、广告设计、网页设计、网络媒体设计、商业品牌设计、书籍艺术设计。

（四）专业优势

视觉传达设计专业是以研究视觉艺术设计领域内各类图形图像信息传达为主攻方向，其拓展性大、主导作用强，在相关的多媒体、广告、出版、印务等领域中占有重要的地位。本专业旨在培养能综合美学、技术、文化及营销战略的相关知识，解决品牌、包装、广告、书籍、展示、信息传达等各种策略层面和技法层面设计问题的高级专业人才，以及能依托数字虚拟技术、信息技术、交互技术从事综合媒体视觉设计的高级专业人才。

本专业注重创造性思维和综合能力的培养，注重教学、科研与社会服务的结合。

（五）就业方向

毕业生具有独立进行专业设计实践的技能和方法，熟练掌握相关设计软件，具有新锐的设计理念和较强的视觉表现功底的能力，具备艺术设计方案实施及管理的基本能力、设计方案整体掌控能力、对设计程序及设计步骤的组织能力，可在设计公司、设计事务所、国内大型企业或著名品牌企业、出版社、报社、电台、新闻传播等机构设计部门，从事策划、设计、创意等工作，同时也可以在高校教学科研、设计管理等工作岗位就业。

（六）招生情况

近三年本专业在浙江省招生录取分数如表 34–1 所示。

表 34–1　近三年本专业在浙江省招生录取分数

年份	科类批次	招生专业	录取	最高分	最低分	选考课程
2019	艺术二批	视觉传达设计	40	570	565	不限
2020	艺术二批	视觉传达设计	46	593	561	不限
2021	艺术二批	视觉传达设计	50	567	555	不限

（七）具体方案

1. 一年级——生涯认知、自我探索阶段

大学一年级是探索期，要尽快适应大学生活和了解所学专业，初步制订大学规划。“迷茫”是很多同学进入大学一年级的感受，在度过最初的迷茫期后，同学们开始结合自身的情况思考自己未来可能的选择。这一时期的阶段目标：适应大学生活，进行自我认知和探索。同学们需要知道专业的就业方向有哪些，未来的就业前景如何，所学专业课程有哪些，实践课程有哪些。在了解这些问题的时候，大一新生在无形中就加深了自己对专业的认识和认同。

2. 二年级——环境探索、方向锁定阶段

大学二年级是方向锁定期，要提高素质，积极开展社会实践，做到理论与实践相结合。自我剖析是指从自我性格、家庭、社会等其他因素认识自我，并据此制订自己的职业生涯目标。一份合适的职业生涯规划本身就是要立足自己，从自己的实际情况出发，按照自己的要求，一步一步地去实践，要明白任何事都不可能一步登天。可以说，一个正确的自我剖析和自我定位，有助于同学们确定一个适合自身的职业生涯目标，是成功制订职业生涯规划的基石。

3. 三年级——生涯发展、素质提升阶段

大学三年级是提升期，加强对未来就业方向的了解，不断完善自我。为了实现这些阶段的目标，学生还需要制定无数个小目标去完成它。可以说，最后的成功是由无数次的小成功所组成的。在制定小目标时，更要注意细节问题。

4. 四年级——调整、适应、转换阶段

大学四年级是调整期，多投身于工作，增加社会经验，为以后的就业做准备。职业规划中评估调整的问题也很重要。每个同学都要意识到，不是每件事都如自己想象一样顺利进行的。不一定自己当初想做什么，最后还是会做什么。因此，自身的目光要放长远些，要考虑未来自己以及社会会有什么变化，要做好变化的准备。制订职业生涯规划时都要有一份风险评估以及备选方案，当自己最终不能做一开始想做的职业时，还可以做其他的职业。这一点是非常重要的。备选方案也是要根据自己的实际情况进行选择，同时要考虑自己的专业特点，或者自身具备什么优点，而不能盲目地跟风选择。

35. 数字媒体设计

学制：四年　　授予学位：艺术学学士学位

（一）专业简介

数字媒体设计专业创建于2003年，源于艺术设计（数字媒体艺术方向），后于2006年改为数字媒体设计专业，是浙江省高校最早开设的数字媒体设计专业之一。本专业依托于浙江省艺术基础实验教学示范中心、计算机科学与技术浙江省重点学科、设计学校级重点学科，以生态交互设计为特色，拥有一支专业水平较高、教学经验丰富的高层次师资队伍，建有设计学一级学科硕士点和省级虚拟仿真实验教学项目，毕业生能胜任科研院校、影视动漫、游戏产业、互联网等企事业单位数字媒体艺术设计的工作。

（二）培养目标

本专业培养德、智、体、美、劳全面发展，具有现代生态文明意识、深厚人文素养基础与创新创业精神，熟悉数字媒体设计理论、设计史论、交互前沿、创新创意等知识，具备融媒体创作、动画制作、虚拟现实展示设计、数字影像创作与传播能力，能在互联网行业、文化创意行业、新闻媒体行业、电影行业、政府部门、企事业单位及各类数字媒体部门从事数字艺术设计的高级应用型人才。

（三）核心课程

UI设计、三维设计、二维动画设计、网页制作与网站设计、角色形象设计、视频剪辑与特效、信息可视化设计、交互设计。

（四）专业优势

本专业以数字媒体行业前沿为引领，主动对接区域文化创意产业，以农林信息可视化设计实践为特色，培养在虚拟现实、网络交互、影视特效、数字动画应用方面的复合型数字媒体设计高级应用人才。严格遵照国家数字媒体设计专业教学质量标准，注重因材施教与个性发展相结合，构建数字影像创作、虚拟展示设计与动画设计三大方向的课程体系，设置了信息可视化设计、交互设计等核心课程，创新课堂教学方法，融合课程思政开展多维教学改革。

（五）就业方向

数字媒体设计专业毕业生可以在网络媒体公司、传媒业、影视广告业、娱乐游戏业、动画设计公司、工业产品设计、建筑设计（建筑漫游和环境设计）、人居环境设计和教育等行业工作。

（六）招生情况

近三年本专业在浙江省招生录取分数如表 35-1 所示。

表 35-1　近三年本专业在浙江省招生录取分数

年份	科类批次	招生专业	录取	最高分	最低分	选考课程
2019	艺术二批	数字媒体设计	37	580	564	不限
2020	艺术二批	数字媒体设计	43	571	561	不限
2021	艺术二批	数字媒体设计	66	564	555	不限

（七）具体方案

1. 一年级——生涯认知、自我探索阶段

大学一年级处于自我探索和行业认知的阶段，可通过生涯人物访谈、优秀毕业生交流、学长学姐、专业认知课程对自己将来要从事的方向有一定的了解。在艺术类专业中，专业技能只是表达的工具，自己的创意才是最具价值的存在。这一阶段，在可控的环境下接受多元化的课程设置，探索你的兴趣与方向。大学的教育与高中的授课模式有本质区别，想明白你想从每门课中获得什么，想清楚自己的时间应该投在哪些事情上。

2. 二年级——环境探索、方向锁定阶段

多了解这个专业，进入大学二年级更要拓展知识面，培养思维方式与审美。有时间多观察自己对什么领域感兴趣，编剧、剪辑、影视后期、产品设计、交互、UI、编程、运营还是其他的，总之要有一个十分感兴趣的领域，并朝这个方向去努力，在学习的过程中也要注意多涉猎周边知识。

3. 三年级——生涯发展、素质提升阶段

大学三年级会进行专业知识的深入学习，这一阶段主要是想清楚自己以后想从事哪个行业，针对这个行业做一些作品，即使将来不考研，作品集用来实习和找工作也是很不错的敲门砖，作为实操性很强的专业，还是靠作品证明专业技术水平。尽早确定自己的理想职业，尽早开始种属于自己的技能树。

4. 四年级——调整、适应、转换阶段

经过前三年的历练，大学四年级要做出关键的选择，工作或者读研深造。规划自己的职业生涯，确定就业目标并分阶段完善计划。每个阶段的前进方向和短期目标要制定好，目标一旦确定了就勇敢地往下走，用日积月累的时间来提升和改变自己，让自己离目标越来越近。另外，充分利用毕业前在校学习的时间，为自己补充所需的知识和技能。

36. 服装与服饰设计

学制：四年　　授予学位：艺术学学士学位

（一）专业简介

服装与服饰设计专业创办于2001年。本专业适应21世纪纺织服装产业人才多元化需求的发展趋势，紧密结合浙江纺织服装大省的地缘优势，强化农林（生态）创意特色，拥有一支专业水平较高、教学实践经验丰富的高层次师资队伍，建有浙江省艺术基础实验教学示范中心、设计学校级重点学科与设计学一级学科硕士点，注重培养学生国际化视野和创新创业能力，为社会输送大批卓越人才。

（二）培养目标

本专业培养德、智、体、美、劳全面发展，具有现代生态文明意识、创新创业意识和专业设计素养，掌握服饰设计及相关交叉学科的基本理论和知识，掌握扎实的服装艺术设计专业基础理论、系统的分析方法、专业技能等基础知识，具备专业市场调研、大众消费心理分析、设计创意策划、产品研发与市场营销推广等方面的基本能力，能从事服装设计、服饰配件设计、服装品牌策划、服装终端陈列与视觉推广、服装新媒体运营和管理及服饰文化传承与应用等方面工作的高级应用型人才。

（三）核心课程

服装材料学、时装画技法、服装史、服装结构设计、成衣设计（女装设计）、服装工艺设计、成衣品牌设计、服装立体裁剪、服饰品设计与搭配。

（四）专业优势

本专业依据服装行业前沿发展、市场导向和人才需求，着力培养学生的国际视野和市场竞争意识，形成了以新时尚设计理念为主导，以可持续发展的生态服饰文化为底蕴，以掌握服装产品研发及管理运作能力为特色的教学体系。本方案通过分层分类教学和专业课程群的建设和梳理，进一步明确培养目标、课程体系、内容归属；通过专业设计与实践课程设置，加强校企合作，推进产学研协同育人及创新创业人才培养。

（五）就业方向

学生毕业后可到服装生产和销售企业、服装研究单位、服装企业管理部门及新闻出版机构等从事服装产品开发、市场营销、经营管理、服装理论研究及宣传评论等方面的工作。

（六）招生情况

近三年本专业在浙江省招生录取分数如表36-1所示。

表36-1 近三年本专业在浙江省招生录取分数

年份	科类批次	招生专业	录取	最高分	最低分	选考课程
2019	艺术二批	服装与服饰设计	39	572	563	不限
2020	艺术二批	服装与服饰设计	40	567	559	不限
2021	艺术二批	服装与服饰设计	39	562	553	不限

（七）具体方案

1. 一年级——生涯认知、自我探索阶段

大学一年级为适应探索期，这一时期的阶段目标：适应大学生活、行业认知与自我探索。具体实施方案：实现由高中生到大学生的角色转变，适应大学学习特点，熟悉环境，建立新的人际关系，提高交际沟通能力；打牢专业基础知识，加强英语学习；开始接触职业和职业生涯的概念，运用测评工具，了解自己的性格、兴趣、价值观、能力，特别要重点了解自己未来所希望从事的职业或与自己所学专业对口的职业，进行初步的职业生涯设计；在职业探知方面，可以向高年级同学，尤其是大四的毕业生询问就业情况。

2. 二年级——环境探索、方向锁定阶段

大学二年级为定向准备期，这一时期的阶段目标：初步确定毕业方向以及相应能力与素质的培养。具体实施方案：可运用生涯平衡单等工具为自己选定生涯发展路线，确定毕业方向，即工作、考研、留学、考公务员或自主创业；清楚不同发展方向所需基本素质和能力，通过参加学生会或社团等组织，培养和锻炼自己相应的能力，同时检验自己的知识技能；可以开始尝试兼职、社会实践活动，最好能在课余时间长时间从事与自己未来职业或本专业有关的工作，提高自己的责任感、主动性和受挫能力，并从不断地总结分析中得到职业的经验；增强英语口语能力，通过英语等级考试，并开始有选择地辅修其他专业的知识充实自己。

3. 三年级——生涯发展、素质提升阶段

大学三年级为专业提升期，具体实施方案：打算工作的可以考取与目标职业有关的职业资格证书，并积极参与实习；打算读研深造的，可关注国内外高校招考信息，准备TOEFL、GRE的应试，注意留学考试资讯，向相关教育部门索取简章参考；考公务员的参加考试培训；自主创业的可以参加大学生创业大赛，了解大学生创业相关的优惠政策。鼓励学生多参加相关专业比赛，提高专业素质。

4. 四年级——调整、适应、转换阶段

大学四年级为冲刺收获期，这一时期的阶段目标：最后努力，实现梦想。具体实施方案：制作简历、求职信，学习求职技巧，进行模拟面试等训练，收集就业信息的渠道，积极参加招聘活动；考研、留学和考公务员的参加相应考试，做好面试准备；自主创业的撰写创业计划书，找风险投资。

37. 工业设计

学制：四年　　授予学位：工学学士学位

（一）专业简介

工业设计专业成立于1999年，2017年获校重点建设专业。本专业拥有设计学一级学科硕士点、机械工程硕士点，师资队伍结构完善，高级职称比例达70%，依托国家木制资源综合利用工程技术研究中心、省级艺术基础实验教学示范中心等国家和省级平台，在竹木产品设计方面形成了鲜明的特色，毕业生能胜任不同领域的设计开发、设计管理或其他相关工作。

（二）培养目标

本专业培养人格健全，德、智、体、美、劳全面发展，掌握工业设计基础理论和专业技能，具有宽广知识面和认知能力，具备较好的工程素质、人文素养、生态意识、创新和创业能力，能在企事业单位、专业设计机构和教育机构等单位从事设计调查研究、产品概念创新与研发、设计管理以及设计教学、学术研究等工作的高级应用型人才。

（三）核心课程

设计表达、造型材料与工艺、人机工程学、产品形态设计、产品设计、产品设计、整合创新设计、计算机辅助设计。

（四）专业优势

本专业坚持需求导向和全产业链融合，课程设置紧跟社会经济发展和区域产业需求；创立多元联动的培养模式，并落实到具体课程的教学改革中；引导和培育创业精神及服务区域产业的实干精神，重视个性塑造和职业生涯规划，鼓励学生将专业与区域产业相结合、职业与理想相结合，实现自我价值。

（五）就业方向

工业设计专业毕业生就业范围较广，可从事机电产品、日用产品的外观设计，也可从事建筑类产品设计、室内外环境与设施设计、产品包装、广告设计、平面设计、展示设计、陈设设计、产品研发等，或者在设计公司、建筑设计研究院（所）或相关企业中的相关专业部门从事相关设计、科研和管理工作。

（六）招生情况

近三年本专业在浙江省招生录取分数如表 37-1 所示。

表 37-1 近三年本专业在浙江省招生录取分数

年份	科类批次	招生专业	录取	最高分	最低分	选考课程
2019	普通类平行录取	工业设计	41	593	588	物理或化学或历史
2020	普通类平行录取	工业设计	30	591	583	物理
2021	普通类平行录取	工业设计	7	587	580	物理

（七）具体方案

1. 一年级——生涯认知、自我探索阶段

大学一年级的阶段目标是专业认知与自我探索，在适应大学课程教学的学习特点后，学好专业基础知识，了解工业设计专业的特点及未来可能从事的职业。

工业设计专业课的重点是手绘和软件，辅助技能是了解材料工艺、机械结构、人机工程学、美学、设计心理学、色彩学、人机交互等知识，探索行业设计趋势等。跟工业设计专业有关的软件包括平面软件（CorelDRAW、Photoshop、Illustrator 等）和三维软件（Rhinoceros、3ds max、Maya、Cinema 4D、Alias、Pro/E、UG、SolidWorks、catio 等）。大一的学生在该阶段要注重“知识量”的积累，在脑海中输入大量与工业设计相关的知识，积累见闻，了解行业以前在做什么、现在做什么、从业者如何看未来。

2. 二年级——环境探索、方向锁定阶段

步入大学二年级，重点开始转向专业技能和专业知识的培养，初步确定毕业发展的方向以及所需的相应能力。对于工业设计专业学生来说，专业技能分为五大类：手绘、建模、渲染、平面、动态。

作为一名设计师，基本美学素养是修行的基本功。美学涉及方方面面，是设计学的基础之一。这个阶段要了解自己的“短板”和长处。在自我探索后，要了解这块“短板”会对你以后的发展方向产生的影响是否重要。如果欠缺的方面很重要，那一定要通过各种方式将其加强。比如，想把自己的设计概念、意图用平面软件快速并能淋漓尽致地表现出来，可选择 CorelDRAW、Photoshop。如果习惯使用三维软件，可选择 Rhino、3ds max。但是，归根结底软件永远是工具，更重要的是工业设计专业知识与设计思想，这些才是制胜的法宝。

3. 三年级——生涯发展、素质提升阶段

大学三年级是至关重要的一年，也是个人素质全面提升的黄金期，这一阶段最重要的是专业技能的输出和实战操练。这一年的训练目标就是知识的整合应用和勤加练习。工业设计专业不仅仅是完全关于美学的，它更像是美学、经济、文化的结合体，它的存在，让机械在人们的印象中不是冰冷的金属框架，而是有灵魂的生命。工业设计专业知识包含范围甚广，如基础的材料、模具、处理工艺、流行趋势等。对设计类专业的学生来说，工艺美术史、三大构成、软件技能只是带你入门，要想精通靠的是自己钻研，而不仅是课堂和教师。

4. 四年级——调整、适应、转换阶段

经过前三年的历练，大学四年级要做出关键的选择，即工作或者读研深造。在做好选择后，就要坚定不移地去执行，给自己设定中长期目标。专业技能的关键并不在于专业的好坏，个人的努力才是至关重要的因素，学校和资源仅是锦上添花，更在于大学四年计划的制订和执行情况。

38. 应用统计学

学制：基本学制四年，实行弹性学制，学习年限三至六年
授予学位：理学学士学位

（一）专业简介

统计学是一门收集、整理、显示和分析数据的方法论科学，应用统计学是侧重将统计学理论方法用于解决实际问题的二级学科。2005 年，浙江农林大学统计学专业正式开始招生，2013 年更名为应用统计学。本专业现有专任教师 11 人，在统计学理论方法研究及其农林、经济等领域应用取得了多项成果。本专业以处理分析农林、经济问题为特色，强化三维驱动（问题+数据+应用）、提升四能（调查采集数据+整理分析数据+统计建模+预测决策），培养全面发展（德+智+体+美+劳）的高级应用型人才。

本专业对标“教学质量国家标准”和统计学类国家教指委要求，以“数据”为中心，农林、经济为背景，强化调查采集数据、整理分析数据、基于数据的统计建模及其预测决策的能力培养；设置“数据工程”和“经济统计”两个专业方向，分别适应大数据时代和经济社会需求；将课堂教学、实践教学、专业实习与浙江省统计调查方案设计、全国统计建模和数学建模等竞赛活动紧密融合，以赛促教，提高团队协作意识，提升创新创业能力；“三全育人”产教融合，强化数学和计算机的基础教学；引导学生主修和辅修兼顾，形成个性化培养；倡导案例式、启发式等多元化教学模式，有机融入思政、劳动、互联网、国际化元素；使学生具备深厚的基础科学理论、人文素养和国际视野。

（二）培养目标

本专业旨在培养德、智、体、美、劳全面发展，树立正确的世界观、人生观、价值观，具有生态文明意识、国际视野和创新精神，具有扎实的数学基础，深刻领会统计学的基本思想，掌握统计学基本理论与方法，精通一门统计软件，熟悉一门计算机高级语言程序设计，具有较宽的农林与社会经济领域知识面，能独立开展统计调查方案设计、实地调查、数据采集、数据分析、撰写调查报告，能应用统计学的知识通过数据分析与处理、统计建模解决实际问题的高级应用型人才。本专业毕业生能在农林、社会、经济、金融、保险以及科技等部门从事统计调查、数据分析、统计预测、风险决策、统计信息管理、实验优化等开发应用和管理工作，也可以去高等院校和科研院所的相关学科继续深造及攻读学位。

（三）核心课程

数学分析、高等代数、概率论、数理统计、抽样调查、应用回归分析、多元统计分析、时间序列分析、应用随机过程、统计预测和决策等。

（四）专业优势

互联网大数据时代对数据分析人才需求非常强烈，本专业以统计调查、统计建模和数据专训为载体，强化实际调查和数据分析的实践动手能力和创新能力培养，着力提高学生的就业竞争力。每位学生安排一名专业教师作为成长导师。组织学生参加全国统计建模、数学建模、浙江省统计调查方案设计等学科竞赛，学生获奖成绩名列省内高校前茅。多名学生考取中国人民大学、中山大学、华东师范大学、上海大学、中南财经政法大学、浙江工商大学等高校的统计学、经济学、金融学硕士。有的学生供职于美国辉瑞中国公司、华院数据技术（上海）有限公司、杭州斯凯网络科技有限公司（纳斯达克上市）等知名大公司。近三年平均毕业去向落实率 94.44%，升学率 26.67%。

（五）就业方向

毕业生能在企事业单位、金融投资业和政府相关部门从事统计调查、数据分析与处理、统计建模、预测与决策等工作，或在国内外高校继续研究生深造，或报考本专业与美国南卡罗来纳大学合作办学 2+2 项目。近三年来，毕业生读研深造比例分别为 30%、28%、27%。每年约 5%的毕业生考上公务员，约 20%的毕业生供职于银行保险证券类公司，其余基本都在与统计、数据相关的岗位工作。省教育评估院报告显示，2012 届毕业生 3 年后薪资水平在全省统计类高校中排名第一。

（六）招生情况

近三年本专业在浙江省招生录取分数如表 38-1 所示。

表 38-1 近三年本专业在浙江省招生录取分数

年份	科类批次	招生专业	录取人数	最高分	最低分	选考课程
2019	普通类提前录取	应用统计学（三位一体）	5	589	569	物理或技术或化学
	普通类平行录取	应用统计学	41	597	588	物理或技术或化学
2020	普通类提前录取	应用统计学（三位一体）	10	594	565	物理或化学或生物
	普通类平行录取	应用统计学	31	601	593	物理或化学或生物
2021	普通类提前录取	应用统计学（三位一体）	10	591	569	物理或化学或生物
	普通类平行录取	应用统计学	43	594	584	物理或化学或生物

（七）具体方案

1. 培养要求

本专业学生主要学习应用统计学专业的基本理论、基本知识和基本技能。

2. 毕业生能力要求

（1）具有良好的政治、思想、文化、道德、身体和心理素质，具有社会责任感；

（2）掌握扎实的统计学基础知识、统计学基本理论和系统的统计思想；

（3）掌握数据收集整理分析的方法；

（4）能够应用统计软件分析数据并正确解释计算结果；

（5）熟悉某一领域（如经济、管理、生物、医药、金融、保险、工业、农业、林业、商业、信息技术、教育、卫生、气象、水利、环境和减灾等领域）的专门知识，能够综合运用所学的理论知识解决实际统计问题；

（6）具有较高的外语水平，掌握中外文资料查询、文献检索及运用现代信息技术获取相关信息的基本方法；

（7）具有进一步自学的能力；

（8）具有较强的组织管理交流沟通、环境适应和团队合作的能力。

3. 就业前景

毕业生的就业前景非常好。主要到政府统计部门、经济管理部门，银行、证券公司、保险公司等金融机构以及信息咨询公司等从事研究和教学工作；或者到企事业单位和经济、管理部门从事统计调查、统计信息管理、数量分析等开发、应用和管理工作；或在科研、教育部门从事研究和教学工作。具体来讲，主要有升学（攻读博士学位），出国留学，金融和保险部门，投资、证券及社会保障机构，市场调研、咨询及信息产业部门，国家统计部门，各类公司等就业途径。

39. 数据科学与大数据技术

学制：基本学制四年，实行弹性学制，学习年限三至六年
授予学位：理学学士学位

（一）专业简介

数据科学与大数据技术专业以大数据信息处理为背景，是数学模型与算法、数据处理技术及计算机科学等多领域融合的交叉专业。专业以大数据分析处理的基本理论和方法以及海量、异构、多源数据的系统设计、开发、实施、评测、优化、运维为基础，培养学生的数学建模、数据挖掘与探索、存储与检索、数据可视化、沟通与呈现等能力。本专业要求学生掌握大数据处理和管理的基础理论，具备深度数据分析与挖掘技能；具备大数据处理和管理系统工具的使用、设计和开发能力；具有从事科学研究、应用开发以及独立主持本专业技术工作的能力；具备进行创造性研究所需要的基础理论与实践能力；具备大数据思维方式和分析能力。

本专业以生物环境、农林业生产、农村金融、农产品商贸应用为基本特色和应用背景，专业注重培养数学建模、算法设计、编程、数据分析与挖掘、系统架构等网络科技创新的基础能力及面向数据科学的数据清理、存储与检索、交流与沟通、统计分析、道德与隐私等关键技能，课程体系与大数据产业链及信息技术产业链紧密融合。

（二）培养目标

数据科学与大数据技术专业培养具有生态文明意识和创新精神，掌握数据科学与大数据技术的基础知识、理论及技术，具备面向大数据应用的数学、统计学及计算机科学基础知识，具有较高的信息素养、较强的数据分析、信息处理与数据推理能力、基于农林与生物技术等行业背景的数据应用解决方案设计能力，能在大数据及相关产业进行应用软件设计、研发和实施的复合应用型人才。

本专业毕业生能在大数据产业、信息产业、金融机构、企业及科研院所等部门从事大数据采集、算法设计、系统集成、开发、应用服务、科学研究和管理维护等工作，也可以去高等院校和科研院所的相关交叉学科继续深造及攻读硕士学位。

（三）核心课程

数学分析、概率论与数理统计、数据结构与算法、数据库原理与应用、大数据架构与技术、数据分析与数据挖掘、爬虫及可视化分析、Hadoop 离线分析等。

（四）专业优势

设立数据科学与大数据技术专业是数字经济时代的必然。在众所周知的2020年新冠疫情防治过程中，“大数据+网格化”技术凸显了大数据的资源价值及其在疫情的预警、监测、排查、检测过程中的巨大优势，保障了我国各项防控工作高效有序。

数字经济是浙江经济高质量发展的引擎。2020年，浙江省数字经济核心产业增加值比上年增长13%，远超同期GDP的增速，预计到2022年，浙江省数字经济增加值将达到4万亿元以上。浙江农林大学所在的杭州市是全国数字经济最为发达的城市之一，也是中国数字人才需求量最大的城市之一。

浙江农林大学数据科学与大数据技术专业建立在信息与计算科学、应用统计学、计算机科学等办学成熟度高的专业基础上，这些专业培养的学生综合素质好、就业质量与考研率高。数据科学与大数据技术专业人才培养方案中的绝大多数课程均已在这些专业中开设，师资水平有保障。

专业课程体系与大数据产业链及信息技术产业链紧密结合，突出学生网络科技创新能力的培养，强化数字经济时代高素质人才所必需的数学建模、算法设计、数据处理、程序设计、系统开发等核心竞争能力的培养。

（五）就业方向

学生毕业时可报考数据科学类、信息技术类专业的研究生及出国深造，理学院目前已经与美国（上州）南卡罗来纳大学签订了本科“2+2”交换生培养及研究生选送等协议，也可以在大数据、信息技术、教育、金融、通信等领域中的相关部门从事科研、教学、软件开发、技术支持等工作。

（六）招生情况

近两年本专业在浙江省招生录取分数如表39-1所示。

表39-1　近两年本专业在浙江省招生录取分数

年份	科类批次	招生专业	录取人数	最高分	最低分	选考课程
2020	普通类平行录取	数据科学与大数据技术	36	597	587	物理
2021	普通类提前录取	数据科学与大数据技术（三位一体）	10	590	560	物理
	普通类平行录取	数据科学与大数据技术	29	586	582	物理

本专业从2020年开始招生，暂无毕业生。

（七）具体方案

1. 项目化驱动人才培养

以真实产业项目为载体，与企业技术专家合作开发项目化课程教学资源，聘任企业专家模块化嵌入担任项目课程的授课讲师。围绕新一代信息技术产业岗位群，在构建专业课程体系的基础上，甄选10个典型产业项目，作为贯穿专业核心课程的依托项目。根据项目开发技术分工和工作过程分解，构建能力递进型培养体系，推动项目驱动式教学的全面实施，包括专业基础课程单元项目、专业核心课程训练模块项目、就业方向课程实战综合项目和实习课程开发企业系统性项目。通过递进循环训练过程，使学生的项目开发能力螺旋式进阶，具体实施流程为：

（1）获取项目资源。通过校企合作、教师下企业以及科技服务等渠道，获得企业真实项目案例，结合实际学情特点，裁剪企业项目案例，达到适合课堂教学的尺度。

（2）重构项目案例。编排课程内容，选择切入点将知识、技能融入项目开发过程中。

（3）制定项目实施文档、考核标准，为教师实践奠定基础。

（4）项目实施。在教师引导下，根据教学项目设计情况，指导学生完成项目开发。根据学生学情，分组或单独完成项目。在实施过程中，以学生为主体，教师做好项目答疑和示范工作。

（5）项目评价与反馈。由教师组织学生汇报、演示项目成果，展示学生的学习态度、技能水平以及对技能点的掌握情况。学生再根据教师反馈评价，反思整个项目过程中的表现，并吸取经验教训，查漏补缺。

2. 分方向培养

以产出为导向，根据社会需求与学校人才培养目标，提出复合型创新人才培养方向，为该专业构建宽基础、分方向的课程体系，具体实施过程为：

（1）在大学一年级，统一设置公共和专业基础课程模块，在多个方向通用共享。根据专业面向的岗位基础能力相通、专业领域相近的特点，统一设置培养通用能力的通识课程模块和专业基础课程模块，使学生对专业所对应的行业学习路线有一定认知，具备专业入门基本技能。

（2）在大学二、三年级，根据数据科学与大数据技术专业细分岗位多、知识更新快的特点，人才培养方案按照方向设置专业核心课程模块，开设专业必修课程与专业选修课程。学生在大二结束时学完专业基础课程模块，根据自身学习兴趣、知识基础以及发展规划，在所开设的专业方向中进行选择，实现分流培养。

（3）在大学四年级设置自选模块，服务个性化的毕业发展方向。根据学生毕业后可能的发展方向（就业、升学、创业等）开设不同课程模块，有针对性地强化知识技能。例如，在就业技能提升模块中引入企业真实项目，聘请企业工程师授课，进行项目实战训练，强化项目综合开发能力，适合毕业后选择就业的学生选修。

（4）设立全程伴随的个性化发展弹性课程模块，在做好学生学情分析和职业发展自我认知探索的基础上，引导学生选择某个技能方向重点发展，鼓励其参加大学生创意工作室、学科竞赛、创新创业大赛，通过竞赛获奖、做项目、报专利、发论文、考认证等方式置换第二课堂学分。

3. 就业前景

近年来，越来越多的人开始从事大数据方向的工作，大数据将会是未来最有发展前景的行业。数据科学与大数据技术专业就业前景广阔，毕业生能够在计算机和互联网领域以及大数据相关产业从事数据科学研究、大数据相关工程应用开发、技术管理与咨询等工作。智能科学与技术是面向前沿高新技术的基础性本科专业，覆盖面很广。专业涉及机器人技术，以新一代网络计算为基础的智能系统，微机电系统（MEMS），与国民经济、工业生产及日常生活密切相关的各类智能技术与系统，新一代的人—机系统技术等。

40. 计算机科学与技术

学制：基本学制四年，实行弹性学制，学习年限三至六年

授予学位：工学学士学位

（一）专业简介

浙江农林大学计算机科学与技术专业创办于1999年，并于同年开始招收并培养本科生；2007年，被列为浙江省重点建设专业；2014年，被列为省级新型特色专业建设项目；2017年，获批为省级特色专业；2018年，通过国家工程教育认证；2019年，入选首批国家级一流本科专业建设点。该专业是目前（2020年）全国农林类高校唯一一个既入选首批国家级一流本科专业建设点，又通过国家工程教育认证的计算机专业，标志着本专业的教学质量实现了国际实质等效，并进入全球工程教育领域的“第一方阵”。根据第三方机构调查，该专业的毕业生近年来对母校的满意度、就业薪资和就业竞争力均排名全校前列。

本专业围绕信息技术与农林业相结合的培养目标，实施通识教育课程、学科专业课程、个性发展课程与课外教育课程相结合的完善课程体系，构建“产教学赛研创”六位一体、深度融合的闭环式人才培养模式，充分发掘学生的创新创业能力。经过不断探索和持续改进，该专业已形成以下办学特色。

特色1：全面实践贯彻基于产出（OBE）的工程教育理念，凸显学生在人工智能应用、大数据处理、软硬件开发方向上的专业综合素养，培养与国际接轨的计算机工程技术人才。

特色2：结合教学实践基地、竞赛创新实践、农林特色课程以及与达内集团合办卓越工程师创新实验班，开展创新创业活动，强化创新创业意识，推进创新人才培养。

特色3：与阿里巴巴、海康威视、网易等国内多家知名企业合作建立多个校外实习基地，以及与各地政府部门开展产学研合作，不断强化学生实践能力，并促进特色人才的培养。

（二）培养目标

计算机科学与技术专业培养适应社会、经济与信息科技产业发展需要，具有良好人文素养、道德素质和沟通能力，具备较强工程实践能力、创新意识和竞争力的高级应用型人才。

本专业期待学生毕业后5年左右达到以下目标。

目标1：能够运用专业知识和技术，设计计算机软硬件系统，特别是嵌入式和农林

信息化相关系统的实现方案，并能成功开发应用。

目标 2：在团队工作中，能成为团队的骨干成员或者领导者，并且能有效地发挥作用。

目标 3：有良好的职业修养和道德水准。

目标 4：具有较强的项目管理和沟通表达能力，在计算机应用技术及相关领域具有职业竞争力。

目标 5：能够通过继续教育或其他的终身学习途径，提升自己的知识和能力。

（三）核心课程

高级语言程序设计、数据结构、离散数学、面向对象程序设计、数据库原理与技术、计算机组成原理、操作系统、计算机网络等。

（四）专业优势

专业依托计算机应用技术浙江省重点学科、国家林业和草原局重点实验室、计算机科学与技术浙江省一流学科（B 类）和林业智能监测与信息技术研究浙江省重点实验室等学科和科研平台进行建设。

基于 OBE 理念，专业采取多种举措培养学生解决复杂工程问题能力及特色人才的强化培养，获得浙江省教学成果一等奖，近三年来学生累计获得省级以上奖项 160 余项，其中 ICPC 亚洲区域赛获得金奖，“挑战杯”获全国二等奖和省特等奖，中国高校计算机大赛天梯赛连续获得金奖。

（五）就业方向

计算机科学与技术专业毕业生可在 IT 企业、行政管理、经济管理以及教育科研等行业，从事计算机软硬件开发与应用及教学、科研等工作。该专业学生升学率、就业率和就业质量不断提高，多名学子考上北京大学、浙江大学、南开大学等名校研究生，就业单位包含阿里巴巴、网易、海康威视、大华等。据第三方调查，毕业生月薪连续位居全校第一，高于全国非 211 高校同类专业约 2000 元；职业期待吻合度、对母校的满意度高。近三年平均毕业去向落实率 98. 48%，升学率 27. 58%。

（六）招生情况

近三年本专业在浙江省招生录取分数如表 40-1 所示。

表 40-1　近三年本专业在浙江省招生录取分数

年份	科类批次	招生专业	录取人数	最高分	最低分	选考课程
2019	普通类提前录取	计算机科学与技术（三位一体）	25	599	567	物理或技术或生物
	普通类平行录取	计算机科学与技术	87	603	594	物理或技术或生物
2020	普通类提前录取	计算机科学与技术（三位一体）	25	597	566	物理
	普通类平行录取	计算机科学与技术	93	600	589	物理
2021	普通类提前录取	计算机科学与技术（三位一体）	20	596	560	物理
	普通类平行录取	计算机科学与技术	91	595	584	物理

（七）具体方案

根据大学不同时期的特点，将大学分为四个阶段：大一探索期、大二规划期、大三实践期、大四就业期。

1. 一年级——探索期

大学一年级为适应探索期，这一时期的阶段目标：适应大学生活、行业认知与自我探索。具体实施方案：实现由高中生到大学生的角色转变，适应大学学习特点，熟悉环境，建立新的人际关系，提高交际沟通能力；打牢专业基础知识，适当加入大学生 ACM 协会、网络安全协会等专业类社团进行学习锻炼；加强英语学习，尽量在大一通过英语四六级考试；开始接触职业和职业生涯的概念，运用测评工具，了解自己的性格、职业兴趣、职业价值观、技能，特别要重点了解自己未来所希望从事的职业与自己所学专业对口的职业，进行初步的职业生涯设计；在职业探知方面，可以向高年级同学，尤其是大四的毕业生询问就业情况。

2. 二年级——规划期

大学二年级为定向准备期，这一时期的阶段目标：初步确定毕业方向以及相应能力与素质的培养。具体实施方案：运用生涯平衡单法为自己选定生涯发展路线，确定毕业方向，即直接工作、考研、留学、考公务员或自主创业；清楚不同发展方向所需基本素质和能力，通过参加学生会或社团等组织，培养和锻炼自己相应的能力，如打算创业的同学可以参加创业会，打算考公务员的同学可以参加演讲协会等，同时检验自己的知识技能；可以开始尝试兼职、社会实践活动，最好在课余时间长时间从事与自己未来职业或本专业有关的工作，提高自己的责任感、主动性和受挫能力，并从不断的总结分析中得到职业经验；如果有机会，主动加入教师的专业团队，参加专业类学科竞赛和创新创业三大赛，历练自己。

3. 三年级——实践期

大学三年级为实践提升期，这一时期的阶段目标：根据不同毕业方向，进行不同的实践提升自身能力。具体实施方案：直接工作的同学，可以考取与目标职业有关的职业资格证书或通过相应的职业技能鉴定，也可以到自己毕业想去的公司做实习生；考研的同学可以报名参加考研辅导班，联系学校，联系导师，做好准备；留学的同学可以多接触留学顾问，参与留学系列活动，准备 TOEFL、GRE 的应试，注意留学考试资讯，向相关教育部门索取简章参考；考公务员的同学参加公务员考试培训；自主创业的同学可以参加大学生创业大赛，了解大学生创业相关的优惠政策。

4. 四年级——就业期

大学四年级为冲刺收获期，这一时期的阶段目标：最后努力，实现梦想。具体实施方案：直接工作的同学写简历、求职信，学习求职技巧，进行模拟面试等训练，收集就业信息的渠道，积极参加招聘活动；考研、留学和考公务员的同学参加相应考试，做好面试准备；自主创业的同学撰写创业计划书，找风险投资。全面了解就业政策和就业流程，通过相互交流，获得尽可能多、有时效性、高质量的就业信息。

41. 智能科学与技术

学制：基本学制四年，实行弹性学制，学习年限三至六年
授予学位：工学学士学位

（一）专业简介

浙江农林大学智能科学与技术专业依托计算机科学与技术浙江省一流学科（B类）、浙江省林业智能监测与信息技术研究重点实验室、国家林业和草原局林业感知技术与智能装备重点实验室、浙江省重点建设实验教学示范中心等学科、科研和实践教学平台，全面推行校企合作和学科竞赛等多种举措，强化培养学生实践和创新创业能力，培养掌握智能系统开发、人工智能应用及大数据分析能力的高级应用型人才。学生毕业后可在国内外教育科研单位继续深造，也可在政府部门、事业单位、工商企业、证券银行、互联网高新企业等机构工作。

本专业在办学中突出人工智能应用、大数据处理、智能软硬件开发等能力的培养，紧密围绕智能科学与农林业相结合的人才培养目标，实行通识教育课程、学科专业课程、个性发展课程相结合的人才培养模式，打造校企合作和学科竞赛的人才培养体系。

（二）培养目标

浙江农林大学智能科学与技术专业培养适应国家、行业和经济社会发展需求，德、智、体、美、劳全面发展，具备扎实的自然科学知识和良好的科学思维能力，掌握智能科学与技术领域基础理论、基本技能和基本方法，具备工程实践能力、创新能力和持续学习能力，具备团队协作及外语运用能力，具有良好的职业道德、社会和环境意识，遵守法律法规，能在智能系统开发、人工智能设计、大数据分析等领域从事技术研发和应用的高素质应用型专门人才。

本专业期待学生毕业后5年左右达到以下目标。

目标1：能够运用专业知识和技术，设计智能化硬件系统，特别是和农林信息化相关系统的实现方案，并能成功开发应用。

目标2：在团队工作中，能成为团队的骨干成员或者领导者，并且能有效地发挥作用。

目标3：有良好的职业修养和道德水准。

目标4：具有较强的项目管理和沟通表达能力，在智能科学、技术及相关领域具有职业竞争力。

目标5：能够通过继续教育或其他的终身学习途径，不断提升自身的知识和能力。

（三）核心课程

脑与认知科学基础、算法设计与分析、数据库原理与技术、人工智能、智能机器人系统、大数据原理及应用、离散数学、机器学习、智慧农业导论等。

（四）专业优势

响应国家和社会对人工智能领域旺盛的人才需求，围绕智能科学与农林业相结合的人才培养目标，实行“平台+模块”的专业培养方式，打造“一体一心六翼”的学科竞赛人才培养体系，充分发掘学生的创新创业能力，构建“产、教、研、赛”四位一体、深度融合的闭环式人才培养模式，凸显学生在智能系统开发、人工智能设计、大数据分析方向上的综合专业素养，与阿里巴巴、海康威视、网易等国内多家知名企业，以及各地政府部门开展产学研合作，不断强化学生实践能力及特色人才的培养。

（五）就业方向

人工智能就业领域就业需求量大，近年内供给远小于需求，毕业生可在国内外教育科研机构继续深造，也可在政府各级管理部门、事业单位、证券银行、金融科技公司、互联网高新企业等机构从事智能系统分析、设计、开发和运维，人工智能设计与应用，以及大数据分析等工作。

（六）招生情况

近两年本专业在浙江省招生录取分数如表 41-1 所示。

表 41-1　近两年本专业在浙江省招生录取分数

年份	科类批次	招生专业	录取人数	最高分	最低分	选考课程
2020	普通类平行录取	智能科学与技术	22	591	585	物理
2021	普通类提前录取	智能科学与技术（三位一体）	5	576	569	物理
	普通类平行录取	智能科学与技术	12	584	581	物理

本专业从 2020 年开始招生，暂无毕业生。

（七）具体方案

智能科学与技术专业是学院为适应社会对人工智能人才培养的需要，贯彻学校新工科专业建设的方针，于 2018 年经教育部备案新设置的多学科交叉复合型专业。本专业培养适应经济建设和产业发展需要，具有良好的人文、科学与工程素养，系统地掌握智能科学与技术的基础理论和专业知识，能综合运用交叉知识在人工智能领域从事科学研究、技术开发与维护、项目管理等方面工作，具备较强的工程实践和创新创业能力，具有一定国际视野的复合型、创新型科技人才。

智能科学与技术专业期待毕业生达到以下四个子目标：

目标 1：系统掌握数学和自然科学、计算机与人工智能类基础知识；系统掌握智能感知、机器学习、数据挖掘和智能系统等专业知识。

目标 2：能够利用智能感知、机器学习、数据挖掘和智能系统等专业知识和工具，独立分析和解决复杂智能系统问题。

目标 3：具有成为人工智能领域高级工程技术人才的基本素养，包括健全的人格和健康的体魄、较强的职业道德和社会责任感、良好的沟通和团队协作能力、开拓进取的创新精神和广阔的国际化视野。

目标 4：具有自主学习和终身学习的意识，具有可应对未来人工智能产业发展变化的潜质，包括了解国家和浙江省重大产业需求和新兴产业发展的方向，具有较强的从事人工智能设计、应用研究、运行管理和经营销售等方面的能力。

智能科学与技术专业对于学生的毕业要求如下：

毕业要求 1：工程知识。能够将数学与自然科学、智能科学与技术学科的基础知识用于解决复杂人工智能系统工程问题。

指标点 1.1　具有从事人工智能工作所需的数学和自然科学基础知识，能够用于解决复杂智能系统的工程问题。

指标点 1.2　具有从事人工智能工作所需的计算机原理、程序设计、嵌入式系统开发等工程基础知识，能够用于解决复杂智能系统的工程问题。

指标点 1.3　具有从事人工智能工作所需的智能感知、机器学习、控制理论等专业基础知识，能够用于解决复杂智能系统的工程问题。

指标点 1.4　具有从事人工智能工作所需的计算机视觉、数据挖掘、智能机器人等专业知识，能够用于解决复杂智能系统的工程问题。

毕业要求 2：问题分析。具有较为全面的系统观念，能够应用数学、自然科学和工程科学的基本原理，识别、表达，并通过文献研究分析复杂智能系统工程问题，获得有效结论。

指标点 2.1　能够根据工程背景，结合文献研究，对复杂智能系统问题进行识别。

指标点 2.2　能够应用数学、自然科学和工程科学的基本原理建立智能系统模型，并进行问题的表达。

指标点 2.3　能够应用数学、自然科学和工程科学的基本知识分析和求解智能系统模型，获得有效结论。

毕业要求 3：设计/开发解决方案。能够针对复杂智能系统工程问题提出解决方案，设计满足特定需求的系统、单元（部件）或工艺流程，并能够在设计环节中体现创新意识，考虑社会、健康、安全、法律、文化以及环境等因素。

指标点 3.1　能够对特定需求的硬件功能电路、软件功能程序、传感、控制、执行等复杂智能系统问题进行方案设计。

指标点 3.2　能够根据解决方案对特定需求的典型智能系统结构、软硬件架构，传感、执行等进行设计。

指标点 3.3　在复杂智能系统工程问题的设计环节中，具有追求创新的意识，考虑社会、健康、安全、法律、文化以及环境等因素。

毕业要求 4：研究。能够基于科学原理并采用科学方法对复杂智能系统工程问题进行研究，包括设计实验、分析与解释数据，并通过信息综合得到合理有效的结论。

指标点 4.1　能够综合运用所学科学原理并采用科学方法，对复杂智能系统工程问题制订实验方案，建立实验系统，按照合理步骤进行实验并获取数据。

指标点 4.2　参照理论模型，对比实验数据和结果，解释实验和理论模型结果的差异，得到合理有效结论。

毕业要求 5：使用现代工具：能够针对复杂智能系统问题，开发、选择与使用恰当的技术、资源、现代工程工具和信息技术工具，包括对复杂智能系统工程问题的预测和模拟，并能够理解其局限性。

指标点 5.1　能够针对复杂智能系统工程问题，开发、选择恰当的技术、资源、现代工程工具和信息技术工具。

指标点 5.2　能够针对复杂智能系统工程问题，使用恰当的技术、资源、现代工程工具和信息技术工具进行建模、预测与仿真，并能够在实践过程中领会相关工具的局限性。

毕业要求 6：工程与社会。能够基于人工智能系统相关背景知识进行合理分析，评价智能系统问题的解决方案对社会、健康、安全、法律以及文化的影响，并理解应承担的责任。

指标点 6.1　了解人工智能的发展历史和文化背景知识，理解人工智能对客观世界和社会的影响及应承担的责任。

指标点 6.2　能够基于人工智能相关行业背景知识和工程实践经历，分析、评价专业工程实践方案和复杂智能系统问题解决方案对社会、健康、安全、法律以及文化的影响。

毕业要求 7：环境和可持续发展：能够理解和评价复杂智能系统工程问题的专业工程实践对环境、社会可持续发展的影响。

指标点 7.1　熟悉人工智能相关行业在节能、环保和可持续发展等方面的方针政策和法律法规。

指标点 7.2　能够评价复杂智能系统工程问题的工程实践对环境和社会可持续发展的影响。

毕业要求 8：职业规范。具有人文社会科学素养、社会责任感，能够在工程实践中理解并遵守工程职业道德和规范，履行责任。

指标点 8.1　具有人文社会科学素养，树立正确的世界观、人生观和价值观，理解中国特色可持续发展道路以及履行个人的社会责任。

指标点 8.2　严格遵守工程职业道德和行为规范。

指标点 8.3　具有健康的体魄和健全的人格。

毕业要求 9：个人与团队。能够在多学科背景下的团队中承担团队成员或负责人的角色。

指标点 9.1　能够理解团队中每个成员的责任和义务。

指标点 9.2　能够在多学科背景下的团队中承担负责人的角色。

毕业要求 10：沟通。能够就人工智能领域中复杂的控制系统工程问题与业界同行及社会公众进行有效沟通和交流，包括撰写报告、设计文稿、陈述发言和清晰表达。具有一定的国际视野，能够在跨文化背景下进行有效的沟通和交流。

指标点 10.1 能够通过技术文档、设计图纸等技术文件对复杂智能系统工程问题进行清晰表达。

指标点 10.2 能够就复杂智能系统工程问题与业界同行及社会公众进行陈述发言，清晰表达设计的具体思路、方案、措施和效果等，并能有效的沟通和交流。

指标点 10.3 掌握一门外语，能够在跨文化背景下进行有效沟通和交流。

毕业要求 11：项目管理。理解并掌握工程管理原理和经济决策方法，能够在多学科环境中应用。

指标点 11.1 理解并掌握人工智能及相关领域的工程管理原理与经济决策方法。

指标点 11.2 能够在人工智能工程实践中合理应用所掌握的项目管理原理与方法。

毕业要求 12：终身学习。具有自主学习和终身学习的意识，具有不断学习和适应未来人工智能领域等相关技术发展的能力。

指标点 12.1 具有不断汲取新知识、掌握新技术的学习意识。

指标点 12.2 针对工程问题的复杂性，掌握自主学习的方法，具有不断学习和适应未来人工智能领域相关技术发展的能力。

42. 物联网工程

学制：基本学制四年，实行弹性学制，学习年限三至六年
授予学位：工学学士学位

（一）专业简介

物联网作为第三次信息化浪潮的代表技术，其产业规模比互联网产业大 20 倍以上，物联网技术领域需要的人才每年也将在百万人的量级，为满足国家战略性新兴产业发展对高素质人才的迫切需求，物联网工程专业正积极培养战略性产业相关专业人才。

物联网工程专业于 2014 年正式招生。本专业依托计算机科学与技术浙江省一流学科（B 类）、浙江省林业智能监测与信息技术研究重点实验室、国家林业和草原局林业感知技术与智能装备重点实验室、浙江省重点建设实验教学示范中心等学科、科研和实践教学平台，全面推行校企合作和学科竞赛等多种举措，强化培养学生实践和创新创业能力。据第三方调查，本专业的毕业生近年来对母校的满意度、就业薪资和就业竞争力均排名全校前列。

本专业紧紧围绕浙江乃至全国的物联网产业需求，以培养具有现代化、国际化视野的高级应用型人才为目标，形成“产学研”联动等创新人才培养模式。本专业围绕学生德、智、体、美、劳全面发展，结合物联网工程与农林业凝练了四大核心课程群，设置第一、第二、第三产业联动的拓展课程和个性化发展的选修课程，推进产学研的协同育人机制和培养模式，建立多个校内外实习基地，培养创新创业人才。

（二）培养目标

以物联网技术与人工智能应用为核心，依托教育部“AI+智慧学习”共建人工智能学院项目，培养智能物联网产业发展急需的、具有创业能力和创新精神的高级应用型人才。

具体应达到以下目标。

目标 1：具备人文素养、职业道德与国际视野，在工作中具有社会责任感、事业心、安全与环保意识，有意愿并有能力服务国家与社会。

目标 2：能够适应现代物联网信息技术发展，具备运用工程数理基本知识和专业知识为复杂实际工程问题提供有效解决方案的能力。

目标 3：能够跟踪物联网信息工程及相关领域的前沿技术，具有从事物联网设备与信息系统的设计、开发、应用和集成等方面工作的能力。

目标 4：具备健康的身心，能够适应团队工作环境，拥有团队协作精神、沟通表达

能力和工程项目管理能力。

目标 5：能够主动适应不断变化的国内外形势和环境，拥有自主的、终身学习的习惯和能力。

（三）核心课程

电工电子技术基础、物联网工程概论、数据结构、计算机网络、传感器原理及应用、射频识别技术与应用、操作系统、林业物联网数据智能采集与分析等。

（四）专业优势

依托学科与科研平台有浙江省重点学科、浙江省一流学科、国家林业和草原局重点实验室和林业智能监测与信息技术研究浙江省重点实验室等，专业办学实力雄厚、办学特色鲜明。与达内集团、海康威视等多家行业龙头企业开展校企合作，引入优质企业资源，建立多个校内外创新创业平台和实践基地，培养特色人才。近三年来获得浙江省教学成果一等奖，学生多次获得包括中国高校计算机大赛、ACM、“互联网+”、服务外包、挑战杯等国家级和省级竞赛奖项。

（五）就业方向

在新能源、互联网、大数据、人工智能等 IT 企事业单位从事研究、设计开发、系统集成管理以及教学、科研等工作。本科毕业生就业率高，就业质量好。近三年平均毕业去向落实率 99.07%，升学率 17.76%。

（六）招生情况

近三年本专业在浙江省招生录取分数如表 42-1 所示。

表 42-1　近三年本专业在浙江省招生录取分数

年份	科类批次	招生专业	录取人数	最高分	最低分	选考课程
2019	普通类平行录取	物联网工程	25	604	593	物理或技术或生物
2020	普通类平行录取	物联网工程	21	597	587	物理
2021	普通类提前录取	物联网工程（三位一体）	5	595	574	物理
	普通类平行录取	物联网工程	8	586	583	物理

（七）具体方案

培养规格 1：工程知识

指标点 1.1　能够应用物联网相关的基础科学理论知识正确表述复杂工程问题。

指标点 1.2　能够针对一个物联网应用场景或者过程构建比较合理的工程模型。

指标点 1.3　能够应用物联网工程技术原理和知识，分析工程问题的解决途径并改进。

指标点 1.4　能够应用专业知识解决工程问题。

培养规格 2：问题分析

指标点 2.1　能够从复杂物联网工程问题中提炼出核心内容和关键环节。

指标点 2.2　针对复杂物联网工程问题中的核心内容和关键环节，可以进行有效的资料查询和文献检索。

指标点 2.3　遵循工程规范，能够对物联网复杂问题进行表达。

指标点 2.4　应用物联网领域的基本原理及知识，证实问题识别和表达的合理性。

培养规格 3：设计/开发解决方案

指标点 3.1　具有针对复杂物联网工程问题设计出解决方案和实施流程的能力。

指标点 3.2　综合考虑社会、安全、健康、法律、文化及环境等因素论证设计方案的可行性。

指标点 3.3　能够针对应用项目需求，完成物联网系统的开发。

指标点 3.4　在设计、开发和解决复杂物联网工程问题中体现创新。

培养规格 4：研究

指标点 4.1　能够运用物联网系统的设计思路和基本原理，设计实验，并对实验结果进行科学有效的分析。

指标点 4.2　能够对复杂工程问题的解决方案进行研究，找出不足，提出改进措施，得到合理有效的结论。

指标点 4.3　在复杂物联网系统问题的研究中具有创新意识。

培养规格 5：使用现代工具

指标点 5.1　针对复杂工程问题，能够选择与使用恰当的技术、资源、现代工程工具和信息技术工具，完成系统模型的分析、预测、模拟。

指标点 5.2　能够使用恰当的工具和技术对物联网系统体系架构和设计方案进行选择，完成物联网系统的设计，并能理解其方法的局限性。

指标点 5.3　具有采用恰当的开发工具完成物联网系统开发的能力。

指标点 5.4　能够采用恰当的方法和工具对物联网系统进行测试和验证，并能够给出应用和维护方案。

培养规格 6：工程与社会

指标点 6.1　了解行业背景知识，完成系统需求分析，并说明其合理性。

指标点 6.2　能够了解和评价系统、解决方案对社会、健康、安全、法律以及文化的影响。

指标点 6.3　了解技术人员应承担的社会、安全、法律等相关责任。

培养规格 7：环境和可持续发展

指标点 7.1　了解国内外行业标准、规范和技术发展趋势。

指标点 7.2　考虑工程实践对环境以及社会可持续发展的影响。

培养规格 8：职业规范

指标点 8.1　树立正确的世界观、人生观、价值观，具备良好的人文社会科学素养。

指标点 8.2　具有责任心和社会责任感，重视生命和健康，拥有良好的心理素质。

指标点 8.3　具备物联网工程师的专业素质、职业道德和规范，履行责任。

指标点 8.4　根据物联网工程专业的发展，进行个人职业规划。

培养规格 9：个人和团队

指标点 9.1　理解在多学科背景下团队合作的意义。

指标点 9.2　具有在多学科背景下主动与其他成员沟通、合作的能力。

指标点 9.3　能够在团队中承担个体、团队成员以及负责人的角色，并开展有效的工作。

培养规格 10：沟通

指标点 10.1　针对复杂工程问题，能够在工程问题所涉及的专业领域与业界同行及社会公众进行有效沟通和交流。

指标点 10.2　掌握一门外语，具有跨文化交流和沟通能力。

培养规格 11：项目管理

指标点 11.1　在物联网产品的需求分析、设计与实现、运维部署、市场推广的项目工程实践中，理解并掌握工程管理原理与经济决策方法。

指标点 11.2　在多学科环境中能够根据项目特征选择恰当的项目管理方法和经济决策方法。

培养规格 12：终身学习

指标点 12.1　能够认识到自我探索和终身学习的必要性，了解和跟踪物联网专业的新理论、新技术及国际前沿动态。

指标点 12.2　具备终身学习的意识，养成主动学习的习惯，并应用科学的学习方法做到学以致用。

43. 机械设计制造及其自动化

学制：四年　　授予学位：工学学士学位

（一）专业简介

本专业始建于2003年，经过近20年的发展，现为浙江省一流本科专业建设点、浙江省重点建设专业和浙江省新兴特色专业。毕业生能在机械及其相关行业胜任产品设计、制造、质检、管理等工作，并经过充分发展成为该行业的技术骨干与团队领导。

本专业以立德树人为根本，在知识传授的同时重视学生健全人格的塑造，将“制造强国、乡村振兴、理性思辨、工程师素养”等理念贯穿于育人全过程，推动学生知识、能力和素养的全面发展。本方案制订以教育部机械类专业人才培养标准和工程教育专业认证标准为指导，围绕机械装备数字化设计、智能化制造和精准化管理的全产业链需求，凝练“智能制造”和“机器人”两个符合机械行业发展趋势的专业方向。增设一批装备制造业发展急需的前沿课程和实训课程，强化学生创新意识、创业精神和实践能力的培养。构建产教融合、协同育人的有效机制，行业龙头单位深度参与本专业人才培养的全过程，实现产业发展与人才培养同向同行、合作共赢。坚持开放办学，积极引入国际优质教学资源，不断拓宽学生国际视野，全面提升学生跨文化交流能力和国际竞争力。

（二）培养目标

本专业旨在培养适应现代社会发展和经济建设需要的德、智、体、美、劳全面发展的社会主义事业合格建设者和可靠接班人，掌握数学、自然科学以及机械工程领域的基础知识和专业知识，具有工程实践能力和创新意识、人文素养和职业素养，能够在机械工程及相关领域从事机械产品设计与智能制造、农林装备研发、机器人设计、检测与控制和运行管理等工作的复合应用型人才。

本专业预期学生毕业5年左右达到以下目标。

目标1：行业专家。能有效运用专业知识和工程技术原理解决机械领域复杂工程问题。

目标2：业务骨干。能在团队中担任骨干或领导角色，并能够有效地进行合作交流。

目标3：终身学习。能通过继续教育或其他途径增长知识、提升能力。

目标4：社会责任。具有良好的职业道德和素养，有意愿并有能力服务社会。

（三）核心课程

工程制图、理论力学、材料力学、机械原理、工程材料及热加工、机械设计、电工电子技术基础、机械精度设计与检测基础。

（四）专业优势

本专业为浙江省一流本科专业建设点、浙江省重点建设专业和浙江省新兴特色专业。本专业依托林业感知技术与智能装备国家林业和草原局重点实验室等高水平平台，紧密对接国家高端装备制造业发展战略，尤其是在现代农林装备研究开发与应用推广领域形成了特色鲜明的师资队伍和人才培养体系。建有浙江省物理实验教学示范中心、校级工程训练中心、校级光机电本科实验中心。

（五）就业方向

机械工程专业是一个大类，包括能量、材料、制造以及控制等，可以说就业面非常广，毕业生不仅可以选择继续升学深造、报考相关领域公务员和事业单位，而且还可选择机械类专业常见的就业方向，例如，生产总监（生产主管）、物流治理、设备治理、质量治理、项目治理、机电产品开发、机械产品开发、液压产品开发、仪器仪表开发、武器开发、汽车工业、环保设备开发、矿业设备设计、模具设计制造、机械制造工艺师、CNC 工程师等。近三年平均就业率超过 95%，升学率超过 20%。

（六）招生情况

近三年本专业在浙江省招生录取分数如表 43-1 所示。

表 43-1　近三年本专业在浙江省招生录取分数

年份	科类批次	招生类别	招生专业	录取	最高分	最低分	选考课程
2019	普通提前批	三位一体	机械（三位一体）	5	594	577	物理或化学或生物
		免学费	机械	0	0	0	物理或化学或生物
2020	普通提前批	三位一体	机械（三位一体）	5	590	572	物理或化学或生物
		免学费	机械	0	0	0	物理或化学或生物
2021	普通提前批	三位一体	机械（三位一体）	30	584	546	物理或化学或生物
		免学费	机械	0	0	0	物理或化学或生物

（七）具体方案

大学阶段是大学生走上社会的重要准备阶段，在这个阶段，职业生涯规划显得尤为重要，因为这将影响几年后的就业竞争力和未来的职业生涯发展力。根据大学不同时期的特点，将大学分为四个阶段：大一探索期、大二规划期、大三实践期、大四就业期。

1. 一年级——探索期

无论在培养方式上还是功能上，大学都与高中有着很大的区别，大学是能够作为一种社会活动的专业机构。刚入大学的新生，充满了好奇和迷茫，首先要了解大学的职能和上大学的目的。学院可以通过新生入学教育、新生班会、新老生交流会等多种形式帮助新生尽快熟悉大学。在熟悉大学以后，要尽快融入大学，才能发挥自身特点。大学一年级是意识和习惯的培养阶段，这时候要帮助学生培养一种精神、树立三种意识。一种精神即职业精神，包括主动精神、责任心和诚实，要打破他们的传统思想，使其成为独立思考、有担当、守承诺的人，才能在今后的工作中出类拔萃。三种意识即自立意识、规划意识和竞争意识，学院要依托各种资源，帮助学生培养良好的意识和习惯。可以采取的措施：鼓励新生加入 1~2 个组织锻炼，举办新生辩论赛、拔河比赛、篮球比赛、十大歌手大赛等各类文体活动，不仅有助于学生熟悉大学，也有助于发挥他们的特长。

2. 二年级——规划期

（1）认识自我。认识自我即通过他人的评价或自己的生活阅历来了解自己个性的特点，清楚自身的优势在哪里、劣势在哪里，这样才能有理性的职业分析、准确的职业定位以及明确的职业目标，从而容易取得事业的成功。可以通过相关的职业规划讲座或者是团体辅导，帮助学生认识自我。

（2）充实自我。在认识了自己的特点以后，要开始充实自己，每个人都要学会四种基本本领，即学会做人、学会学习、学会做事、学会创新，学校和学院举办的各类讲座、竞赛、活动等都是在提高学生这些方面的能力。学院可以采取的措施：开设职业生涯规划课程；邀请人力资源方面的专业人士为学生介绍各行业的人才要求，让学生接受择业技巧培训。

3. 三年级——实践期

学生在确定目标以后，要制定实施策略来提高自身能力，最基本的有英语、计算机、体育、写作、演讲等。学院可以采取的措施：鼓励并组织大学生开展社会实践活动；提供平台，帮助大学生提高创新能力。与此同时，要让学生试着写简历求职信，提前掌握技巧，同时也是对自己的反馈，看到的不足之处还可以弥补。学院可以开展类似模拟招聘会的活动，为毕业生提供机会实战演练，了解招聘的流程及面试时礼仪着装等方面的技巧。此外，学院可以带领学生进入真正的大型招聘会现场，感受真实的氛围，同时帮助学生寻找工作实习的机会，赢得工作经验。

4. 四年级——就业期

（1）检验自我。虽然已经制定了比较详细的职业规划书，但是还要根据事情的发展变化进行适当的调整，即所谓的反馈评估，使职业生涯规划行之有效。

（2）推销自我。学院既要进行全面的就业指导，包括就业政策的解读、就业流程的讲解，又要进行个性化的辅导，帮助他们克服就业中遇到的困难，努力适应角色，同时要不断地给毕业生提供就业信息，帮助他们成功就业。

44. 电子信息工程

学制：基本学制四年，实行弹性学制，学习年限三至六年
授予学位：工学学士学位

（一）专业简介

电子信息工程专业自2004年开始招生，2013年被列为校特色专业，2019年获批浙江省一流专业建设点。依托计算机科学与技术浙江省一流学科（B类）、浙江省林业智能监测与信息技术研究重点实验室、国家林业和草原局林业感知技术与智能装备重点实验室、浙江省重点建设实验教学示范中心等学科、科研和实践教学平台，全面推行校企合作和学科竞赛等多种举措，强化培养学生实践能力和创新创业能力。据第三方调查，该专业的毕业生近年来对母校的满意度、就业薪资和就业竞争力均排名全校前列。

（二）培养目标

本专业培养适应浙江省以及长三角地区社会及经济发展需要，服务地方电子信息行业中小企业发展需求，能在电子技术、信息与通信、工业控制、信号获取与处理、计算机应用等领域，从事设计、开发、应用、集成、测试、运维以及管理等工作的德、智、体、美、劳全面发展的高级应用型工程技术人才。

具体应达到以下目标。

目标1：具备人文素养、职业道德与国际视野，在实际工作中具有社会责任感、事业心、安全与环保意识，有意愿并有能力服务国家与社会。

目标2：能够适应现代电子信息技术发展，具备运用工程数理基本知识和专业知识为复杂实际工程问题提供有效解决方案的能力。

目标3：能够持续跟踪电子信息领域的前沿技术并能根据实际工程需求进行拓展与创新，将其用于电子信息领域的创新发展和产业升级。

目标4：具备健康的身心，能够适应团队工作环境，拥有团队协作精神、沟通表达能力和工程项目管理能力。

目标5：能够主动适应不断变化的国内外形势和环境，拥有自主的、终身学习的习惯和能力。

（三）核心课程

电路分析、模拟电子线路、数字电子线路、高频电子线路、单片机原理及接口技术、农林业物联网系统综合实践、自动控制原理、电子系统设计、通信原理、数字信号处理、

信号与系统等。

（四）专业优势

电子信息工程专业是首批浙江省一流本科专业建设点，校级特色专业。结合专业特点与浙江省电子信息产业需求，围绕学生德、智、体、美、劳全面发展，并遵照国家工程教育认证标准构建专业课程体系。专业课程全面覆盖电子信息领域。学生不仅能全面学习电子信息类专业基础知识，而且能在信号分析处理、电子信息系统集成、自动控制技术及嵌入式软件系统开发等方面进行深入学习。面向地方经济建设，校企合作培养。本专业先后与达内集团、杭州罗莱迪思照明系统有限公司等 10 多家企业共建校外实习实训基地，为提高学生动手能力和工程素质奠定坚实的基础。理论教学与实践动手能力培养同步。全面实行课程负责人制度，在此基础上建设专业关联课程群，理顺专业基础课与专业课、前续课程与后续课程的关系，有效提高理论教学效果。专业依托信息技术类省级重点建设实验教学示范中心以及信息工程学院的国家、省级学科科研平台，利用指导学生参加各级各类学科竞赛等手段，促进学生自发地提高实践动手能力，使理论教学与实践动手能力的培养同步开展。增设农产品品质检测技术、农林业物联网系统综合实践、科技文献检索与专利申请课程等，强化“智慧农林业”和创新创业教育。

（五）就业方向

电子信息工程专业毕业生可在电子信息类企业、教育科研单位等，从事电子信息系统设计、开发、应用、集成、测试、运维及管理等工作。毕业生就业薪水及毕业生对母校满意度位于全校前列，就业薪水、专业相关度等高于同类非“211”本科院校同专业，排名全校第二。近几年，学生考研率不断上升，多名学生考取厦门大学、四川大学等名校研究生。近三年平均毕业去向落实率 98. 97%，升学率 27. 69%。

（六）招生情况

近三年本专业在浙江省招生录取分数如表 44-1 所示。

表 44-1　近三年本专业在浙江省招生录取分数

年份	科类批次	招生专业	录取人数	最高分	最低分	选考课程
2019	普通类提前录取	电子信息工程（三位一体）	5	591	564	物理或技术或生物
	普通类平行录取	电子信息工程	46	607	591	物理或技术或生物
2020	普通类提前录取	电子信息工程（三位一体）	5	586	565	物理
	普通类平行录取	电子信息工程	38	594	586	物理
2021	普通类提前录取	电子信息工程（三位一体）	5	593	571	物理
	普通类平行录取	电子信息工程	59	588	579	物理

（七）具体方案

1. 一年级——探索期

一年级的学生刚经历过高考的洗礼，还没来得及认识自己所学的专业以及思考今后就业的方向，对自己定位模糊。大学一年级为适应探索期，这一时期的阶段目标：适应大学生活、行业认知与自我探索。具体实施方案：实现由高中生到大学生的角色转变，适应大学学习特点，熟悉环境，建立新的人际关系，提高交际沟通能力；打牢专业基础知识，适当加入专业相关社团，如大学生智能电子协会等，进行学习锻炼；加强英语学习，尽量在大一通过英语四六级考试；开始接触职业和职业生涯的概念，运用测评工具，了解自己的性格、职业兴趣、职业价值观、技能；在职业探知方面，可以向高年级同学，尤其是大四的毕业生询问就业情况；因为电子信息工程专业对于动手能力要求较高，低年级最好能焊接装配一些小电路，加强对模拟、数字、高频电路的感性认识。

2. 二年级——规划期

大学二年级为定向准备期，这一时期的阶段目标：初步确定毕业方向以及相应能力与素质的培养。具体实施方案：运用生涯平衡单法为自己选定生涯发展路线，确定毕业方向，即直接工作、考研、留学、考公务员或自主创业；清楚不同发展方向所需基本素质和能力，通过参加学会或社团等组织，培养和锻炼自己相应的能力；如打算创业的同学可以参加创业会，打算考公务员的同学可以参加演讲协会等，同时检验自己的知识技能；可以开始尝试兼职、社会实践活动，最好在课余时间长时间从事与自己未来职业或本专业有关的工作，提高自己的责任感、主动性和受挫能力，并从不断的总结分析中得到职业的经验；如果有机会，主动加入老师的专业团队，参加专业类学科竞赛和创新创业三大赛，历练自己。

3. 三年级——实践期

大学三年级为实践提升期，这一时期的阶段目标：根据不同毕业方向，进行不同的实践提升自身能力。具体实施方案：直接工作的同学，可以考取与目标职业有关的职业资格证书或通过相应的职业技能鉴定，也可以到自己毕业想去的公司做实习生；考研的同学可以报名参加考研辅导班，联系学校，联系导师，做好准备；留学的同学可以多接触留学顾问，参与留学系列活动，准备 TOEFL、GRE 的应试，注意留学考试资讯，向相关教育部门索取简章参考；考公务员的同学参加公务员考试培训；自主创业的同学可以参加大学生创业大赛，了解大学生创业相关的优惠政策。

4. 四年级——就业期

大学四年级为冲刺收获期。具体实施方案：直接工作的同学写简历、求职信，学习求职技巧，进行模拟面试等训练，收集就业信息的渠道，比如，如果想具体了解公司提供的工作岗位，可以进入公司的官网校园招聘板块详细了解，积极参加招聘活动；考研、留学和考公务员的同学参加相应考试，做好面试准备；自主创业的同学撰写创业计划书，找风险投资。全面了解就业政策和就业流程，通过相互交流，获得尽可能多、有时效性、高质量的就业信息。

45. 食品科学与工程

学制：基本学制四年，实行弹性学制，学习年限三至六年
授予学位：工学学士学位

（一）专业简介

食品科学与工程专业始建于2001年，2009年成为浙江省重点建设专业，2014年入选国家卓越农林人才教育培养计划试点专业，2015年增设食品科学与工程（粮油储检方向）专业方向，师资力量雄厚，依托农业农村部农产品加工技术研发中心、浙江省农产品品质改良技术研究重点实验室、植物生产类省级实验教学示范中心、2011协同创新中心等省级科研实验平台，已培养食品科学与工程专业毕业生千余人，在海关和食品安全管理部门、大专院校、科研院所、食品企业以及商业、外贸等部门从事科学研究、食品开发、食品检验、经营管理和市场营销等工作。该专业在省内已经得到社会和同类院校的认可，其中农林食品加工有较高的社会知名度与影响力。

本专业遵照国家工程教育专业认证标准和国家教学质量标准，立足浙江、面向全国，以农林产品加工发展新需求为导向，凸显原料安全生产、绿色加工和全程食品质量控制，构建知识、能力与素质“三位一体”的食品科学与工程专业课程体系，强化工程理念在人才培养过程中的指导作用，坚持基本质量标准与个性化培养，坚持课堂教学创新与学业评价改革相结合，推行常规培养与个性化相结合的培养举措。

（二）培养目标

食品科学与工程专业致力于培养知识、能力、素质协调发展，具有生态文明意识、创新精神、创业能力、社会责任感、职业道德及人文素养，具备食品科学研究、食品技术开发、食品工程设计、食品生产管理、食品品质与安全控制、食品储运流通等综合知识和实践技能，适应食品工业新业态，能在食品工程及其相关领域从事质量控制管理、精深加工技术开发、生产管理和科学研究等工作，能解决复杂工程问题、适应食品新业态需要的具有实践能力强、创新能力强、国际竞争力的高级应用型人才。

（三）核心课程

食品微生物学、食品工程原理、生物化学、食品工艺学、食品机械与设备、食品分析与检验、食品化学、食品安全学、食品物流学等。

（四）专业优势

食品科学与工程专业为浙江省级一流本科专业、重点建设专业和首批国家卓越农林人才教育培养计划试点专业，拥有“食品科学与工程”一级学科硕士学位和“食品加工与安全”领域农业硕士学位授予权。

（五）就业方向

本专业毕业生可以从事地方政府、海关的食品监督检验和大型食品企业的新产品研发等工作，也可以选择在国内外食品高校继续深造。毕业生在就业市场上有较强的竞争优势，受到广大用人单位的欢迎和好评。考研方面也取得了优异成绩，学生综合素质获得国内多所“双一流”及国外知名院校的充分认可。近三年平均毕业去向落实率96.86%，升学率26.42%。

（六）招生情况

近三年本专业在浙江省招生录取分数如表45-1所示。

表45-1　近三年本专业在浙江省招生录取分数

年份	科类批次	招生专业	录取人数	最高分	最低分	选考课程
2019	普通类平行录取	食品科学与工程	22	599	590	物理或化学或生物
2020	普通类平行录取	食品科学与工程	21	598	590	物理或化学或生物
2021	普通类提前录取	食品科学与工程（三位一体）	5	592	574	物理或化学或生物
	普通类平行录取	食品科学与工程	11	588	582	物理或化学或生物

（七）具体方案

1. 一年级——探索期

一年级的学生刚经历过高考的洗礼，还没来得及认识自己所学的专业以及思考今后就业的方向，对自己定位模糊。大学一年级为适应探索期，这一时期的阶段目标：适应大学生活、行业认知与自我探索。具体实施方案：实现由高中生到大学生的角色转变，适应大学学习特点，熟悉环境，建立新的人际关系，提高交际沟通能力；打牢专业基础知识，适当加入专业相关社团进行学习锻炼；加强英语学习，尽量在大一通过英语四六级考试；开始接触职业和职业生涯的概念，运用测评工具，了解自己的性格、职业兴趣、职业价值观、技能；在职业探知方面，可以向高年级同学，尤其是大四的毕业生询问就业情况。

2. 二年级——规划期

大学二年级为定向准备期，这一时期的阶段目标：初步确定毕业方向以及相应能力与素质的培养。具体实施方案：运用生涯平衡单法为自己选定生涯发展路线，确定毕业方向，即直接工作、考研、留学、考公务员或自主创业；清楚不同发展方向所需基本素质和能力，通过参加学会或社团等组织，培养和锻炼自己相应的能力；如打算创业的同学可以参加创业会，打算考公务员的同学可以参加演讲协会等，同时检验自己的知识技能；可以开始尝试兼职、社会实践活动，最好在课余时间长时间从事与自己未来职业或本专业有关的工作，提高自己的责任感、主动性和受挫能力，并从不断的总结分析中得到职业经验；如果有机会，主动加入老师的专业团队，参加专业类学科竞赛和创新创业三大赛，历练自己。

3. 三年级——实践期

大学三年级为实践提升期，这一时期的阶段目标：根据不同毕业方向，进行不同的实践提升自身能力。具体实施方案：直接工作的同学，可以考取与目标职业有关的职业资格证书或通过相应的职业技能鉴定，也可以到自己毕业想去的公司做实习生；考研的同学可以报名参加考研辅导班，联系学校，联系导师，做好准备；留学的同学可以多接触留学顾问，参与留学系列活动，准备 TOEFL、GRE 的应试，注意留学考试资讯，向相关教育部门索取简章参考；考公务员的同学参加公务员考试培训；自主创业的同学可以参加大学生创业大赛，了解大学生创业相关的优惠政策。

4. 四年级——就业期

大学四年级为冲刺收获期，这一时期的阶段目标：最后努力，实现梦想。具体实施方案：直接工作的同学写简历、求职信，学习求职技巧，进行模拟面试等训练，收集就业信息的渠道，比如，如果想具体了解公司提供的工作岗位，可以进入公司的官网校园招聘板块详细了解，积极参加招聘活动；考研、留学和考公务员的同学参加相应考试，做好面试准备；自主创业的同学撰写创业计划书，找风险投资。全面了解就业政策和就业流程，通过相互交流，获得尽可能多、有时效性、高质量的就业信息。

46. 食品质量与安全

学制：基本学制四年，实行弹性学制，学习年限三至六年
授予学位：工学学士学位

（一）专业简介

食品质量与安全专业创建于2011年，2012年成为浙江省基层农技人员定点培养专业，致力于培养“从农田到餐桌”全过程食品质量安全方面的专业人才。食品质量与安全专业师资力量雄厚，依托农业农村部农产品加工技术研发中心、浙江省农产品品质改良技术研究重点实验室、植物生产类省级实验教学示范中心、2011协同创新中心等省级科研实验平台，已培养食品质量与安全专业500余人，在各级出入境商品检验检疫部门、工商系统、食品卫生监督部门、乡镇基层、食品企业、餐饮业及教学、科研等单位，从事与食品安全有关的技术、管理、策划、生产、储运流通及教学、研究等相关工作，得到了社会和同类院校的广泛认可。

本专业遵循食品质量与安全专业特点，参考有关食品质量与安全专业人才培养国家标准以及浙江农林大学专业人才培养方案指导精神，凸显原料安全生产、绿色加工和全程食品质量安全与控制，构建知识、能力与素质“三位一体”的食品质量与安全专业课程体系，强化工程理念与动手实践技能在人才培养过程中的作用，坚持基本质量标准与个性化培养，坚持课堂教学创新与学业评价改革相结合，推行常规培养与个性化培养相结合的举措。

（二）培养目标

食品质量与安全专业培养具备食品质量与安全控制领域的基本知识，具有分析问题、解决问题、组织管理和自主学习的能力，具有创新意识、社会责任感、职业道德及人文素养，并具有生态文明意识和创新创业能力的复合型应用人才。毕业生能从事与食品安全有关的技术、管理、策划、生产及教学、研究等相关工作。

（三）核心课程

食品化学、食品微生物学、食品安全学、食品毒理学、食品仪器分析、食品分析与检验、食品营养学、食品质量管理学、食品溯源与识别分析技术等。

（四）专业优势

作为首批国家卓越农林人才教育培养计划试点专业，食品质量与安全专业拥有一流

的师资队伍和完整的培养软硬件条件。坚持全过程食品安全环节为自身的办学特点，打造食品安全教学模式。拥有一流的实践教学基地，包括各级各类检测监督机构、国家认可实验室等。在普通学生培养方案之外，还努力打造了一套适合省农业系统的定向生专业培养方案。

（五）就业方向

本校拥有“食品科学与工程”一级学科硕士学位和“食品加工与安全”领域农业硕士学位授予权，为毕业生创造了良好的升学空间。食品质量与安全专业毕业生可到工商管理系统、食品卫生监督部门、食品企业及教学、科研等单位从事食品质量监督、食品检验检疫、食品品质质量控制等工作。

（六）招生情况

近三年本专业在浙江省招生录取分数如表 46-1 所示。

表 46-1　近三年本专业在浙江省招生录取分数

年份	科类批次	招生专业	录取人数	最高分	最低分	选考课程
2019	普通类提前录取	食品质量与安全（定向）	8	602	578	物理或化学或生物
	普通类平行录取	食品质量与安全	29	597	588	物理或化学或生物
2020	普通类提前录取	食品质量与安全（三位一体）	5	584	572	物理或化学或生物
	普通类提前录取	食品质量与安全（定向）	8	636	589	物理或化学或生物
	普通类平行录取	食品质量与安全	24	602	590	物理或化学或生物
2021	普通类提前录取	食品质量与安全（三位一体）	10	583	555	物理或化学或生物
	普通类平行录取	食品质量与安全	29	585	580	物理或化学或生物

（七）具体方案

1. 培养要求

（1）具有良好的职业道德、强烈的爱国敬业精神、高度的社会责任感和丰富的人文科学素养；

（2）具有相关的化学、公共卫生知识以及一定的管理学知识；

（3）具有良好的质量、环境、职业健康、安全和服务意识；

（4）掌握扎实的食品科学基础知识和食品质量与安全专业的基本理论知识，了解食品质量与安全专业的发展现状和趋势；

（5）具有综合运用所学科学理论提出和分析解决问题的方案以及解决食品质量与安全实际问题的能力；

（6）具有较强的创新意识和创新的初步能力；

（7）具有信息获取和职业发展学习能力；

（8）了解食品质量与安全专业领域技术标准、相关行业的政策、法律和法规；

（9）具有较好的组织管理能力，较强的交流沟通、环境适应和团队合作的能力；

（10）具有应对危机与突发事件的初步能力；

（11）具有一定的国际视野和在跨文化环境下的交流、竞争与合作的初步能力。

2. 就业前景

（1）食品质量与安全专业学生主要学习生物学和食品工程学的基本理论和基本知识，受到食品生产技术管理、食品质量检测和安全等方面的基本训练，具有食品质量检测、食品安全检测等方面的基本能力。

（2）食品质量与安全专业培养学生具备化学、生物学、食品科学、食品质量管理及安全控制、国内外食品安全的标准与法规等方面知识和基本实践技能，能从事食品安全分析检测、动物检验检疫、农产品和食品质量管理等技术工作，以及食品原料及相关产品质量控制、质量检测、质量管理、质量认证等应用技术和管理技术工作。为食品质检、卫检机构、科研机构、食品生产及储藏物流企业、餐饮业提供具有综合素质高、适应能力强的复合型应用人才。

（3）食品质量与安全专业学生毕业后可到全国各级食品卫生监督部门、食品企业、社区的食品营养与安全服务部门、餐饮业及教学、科研等单位从事食品生产、食品营养与安全的管理、公共营养等方面的工作。

学生毕业后可在食品科学、营养与食品安全、食品生物技术、食品工程等方向继续深造。可到全国各级食品卫生监督部门、食品企业、社区的食品营养与安全服务部门、餐饮业及教学、科研等单位从事食品生产、食品营养与安全的管理、公共营养等方面的工作。

食品质量与安全主要依靠食品生产全面系统的质量管理，从而使营养与食品安全从过去的监督管理，扩展成包括食品生产、食品营养、食品安全、食品管理、食品质量控制的诸多领域，在生命科学和食品科学的各个领域中发挥越来越重要的作用。

47. 中药学

学制：四年　　授予学位：理学学士学位

（一）专业简介

中药学专业创建于2003年，遵从“传承精华、守正创新”的中医药发展指示，响应大健康产业发展新需求，基于农林学科优势特色，2014年获批浙江省新兴特色专业，2019年获批浙江省一流专业建设点。本专业依托亚热带森林培育国家重点实验室、国家级实验教学示范中心、天目山国家级大学生校外实践教育基地和浙江省一流学科（A类）等平台，拥有一支由浙江省千人、浙江省“151”第一层次人才等骨干教师组成的师资队伍，致力于培养具有现代健康理念、掌握中药学基础理论和基本技能、有志于继续深造和从事大健康领域研发的高级应用型人才。

本专业紧紧围绕一流专业人才培养目标，聚焦“健康中国2030”战略，立足浙江省“八大万亿产业”和“三大科创高地”发展规划，发挥农林特色在中药资源保护与繁育、中药功能因子筛选与生物合成、中药生物工程与新型健康产品研发中的优势，培养专业基础扎实、实践能力强、综合素质高、具有良好创新精神和创业能力的高级应用型人才，满足中医药守正创新和大健康产业升级对专业人才的多层次需求。

（二）培养目标

本专业顺应中医药“守正创新”大背景，适应中药现代化和国际化发展新需要，结合新农科和新医科交叉融合发展要求，培养具有传承中医药文化能力、较强专业能力和综合竞争能力、良好的生态文明意识、创新精神和创业能力的高级应用型人才。

学生毕业后需达到以下目标。

目标1：熟练掌握中药资源调查和培育、中药质量检测和评价、中药产品研发等知识和技能，可在高等院校、科研院所、医院与药店、药材种植基地、中药企事业等单位从事教学、研发、生产及管理等工作，也可以进一步出国深造，攻读硕博学位。

目标2：德、智、体、美、劳全面发展，具有良好的职业道德和专业素质，具有团队精神，善于沟通和表达，能够成为团队的骨干成员或者领导者，并有效地发挥作用。

目标3：具有良好的学习能力，能够通过继续教育或其他途径保持学习的习惯，不断提升自己的知识和能力，提升在中医药产业中的职业竞争力。

（三）核心课程

中医学基础、临床中药学、药用植物学、中药化学、中药药理学（含药理学）、中药鉴定学、中药炮制学、中药药剂学、中药资源学等。

（四）专业优势

本专业是浙江省一流专业、浙江省新兴特色专业，聚焦健康事业，突出农林特色，师资力量雄厚，由多名专家、教授、博士、企业导师等高层次人才组成。拥有与本专业密切相关的生物学一级硕士点、中药学专业硕士点；由国家重点实验室、林学类国家级实验教学示范中心、浙江省特色中药资源保护与创新利用重点实验室、国家林草局三叶青西红花工程中心、国家林草局灵芝三叶青产业联盟等平台支撑；拥有天目山国家级学生教学实习基地、校内“百草园”基地、“中药标本馆”等多个教学实践基地，多家企事业单位是本专业共同培养学生的合作伙伴。

（五）就业方向

毕业后可在与大健康产业密切相关的各级卫生行政部门、医院、制药企业、质检、食品保健行业、医药院校、药材种植基地、药房药店等单位和机构从事研究、生产、管理、鉴定、检验、销售和服务等相关的工作，有良好的就业途径和深造机会。近三年毕业生就业率均达到98%以上，其中近30%的学生以优异成绩考取研究生继续深造。

（六）招生情况

近三年本专业在浙江省招生录取分数如表47-1所示。

表47-1 近三年本专业在浙江省招生录取分数

年份	科类批次	录取	最高分	最低分	平均分	选考课程	省控线
2019	普通平行批	30	609	594	596.7	不限	一段线595 二段线496
2020	普通平行批	39	603	595	596.5	不限	一段线594 二段线495
2021	普通平行批	45	602	586	589.4	不限	特控线589 一段线495

（七）具体方案

1. 能力要求

具有一定的中医学和临床中医学知识，具有对常见病、多发病的识别能力；具有扎实的化学理论知识，具备一定的化学技能操作能力和分析仪器的使用能力，具有常见中药有效成分的提取、分离、检识和结构测定的理论和技能；具有分析处方功效与主治的能力；具有处方审核能力，即配伍禁忌、特殊药的用法等；具备调配处方药的能力，即称量、具的使用，等量递减的原则，处方复核和用药专业服务等；具有药理学的知识，具有观察药物疗效及不良反应的能力，具有指导临床合理用药的能力；具有中药主药材炮制加工的理论和技能，具有中成药主要剂型的制备理论和技能；具有鉴定中药材真假优劣的理论和技能，具有中药制剂分析的基本理论、基本方法和基本技能，具有书写中药及中药制剂检定报告的能力；具有中药材和中成药的储藏养护能力；了解出入库的管理制度，入库检验制度，退货制度，药品存放的规程，温湿度控制，常规养护原则；具有药品经营质量管理、处方与调剂管理的能力；具有新药申报的能力，具有制药企业GMP 申报、准备验收的能力；具有医药市场分析能力，医药市场营销组织与管理能力，制定医药市场营销战略和策略的能力。

2. 专业知识要求

中医学基本理论知识，病因病机，发病机理，疾病的防治原则；常见中药的功效与应用，组方原则，配伍禁忌，典型方剂的方解；中药鉴定的基本理论、基本方法和基本技能，常见中药材的真伪优劣鉴别；中药制剂各剂型的制备理论、技术与技能；中药成分的理化性质、构效关系、作用特点及分析方法，中药有效成分的定性分析方法，中药成分的结构测定方法与仪器使用；中药炮制的基本理论和基本方法，对重点药物进行实验操作，培养学生独立从事中药炮制生产，初步从事中药炮制研究与开发应用能力；配伍禁忌，特殊药的用法用量，称量工具的使用，等量递减的原则，处方复核和用药专业服务等；出入库的管理制度，入库检验制度，退货制度，药品存放的规程，温湿度控制，常规养护原则，特殊药材的储藏；药品经营质量管理，处方与调剂管理，新药申报，具有制药企业 GMP 申报、准备验收；市场营销学的基本原理，药品市场调查分析技术，药品市场营销的基本方法和策略。为药房、制剂、制药、保健品、化妆品、药品销售、药品检验等部门和各级医院、医药行政部门培养专业技术与管理人才。中药专业的学生通过学习应掌握中药制剂、中药制剂分析、中药鉴定学、中药炮制学、天然药物化学和药理学等课程的基本理论知识和实践技能，毕业后能从事中药剂型与制剂的设计、制备，中药制剂的分析检验，指导临床合理用药；应掌握国家药政法律法规的基本知识，毕业后能从事以上业务的管理工作。

48. 生物制药

学制：四年　　授予学位：工学学士学位

（一）专业简介

生物制药专业于2017年设立，为校级新兴特色专业建设。本专业依托省部共建亚热带森林培育国家重点实验室、生物农药高效制备技术国家地方联合工程实验室、高等学校学科创新引智计划（“111”计划）等平台建设，拥有一支由省创业千人、省新世纪“151人才工程”学术和技术带头人、省级优秀教师等高层次人才组成的师资队伍，同时聘请若干国内外知名高校、企业的兼职教授授课，产教融合、校企合作、协同一体化育人优势明显。本专业旨在培养掌握现代生物制药技术基础理论和基本技能，具有生态文明意识、创新精神和创业能力，致力于培养具有“大健康”思维、创新实践能力和国际视野，服务于健康中国战略需求，适应生物医药未来发展需要的高级应用型人才。毕业生在各类医药企事业和行政管理等部门从事科研创新、技术研发和管理工作。

本专业紧密对接生物制药行业发展趋势和社会经济发展对人才的需求，以宽厚基础、差异教育、强化实践为原则，严格遵照国家生物制药专业教学质量标准和目标定位，紧密围绕制药现代化的发展需求开展人才培养。方案着重强调宽厚基础，扎实掌握专业基础核心课程理论和技能；着重强调差异教育，突出小分子药物、中药功能因子、蛋白类药物为主要方向；着重加强调教学实践，培养学生创新创业能力，充分利用校内国家级平台资源和校外联合实践基地，推进产学研协同育人；通过专业知识学习与社会生产实际相结合，构建突出创新能力和实践应用能力兼备的培养体系。

（二）培养目标

本专业旨在培养拥有良好的大健康意识、专业视野、创新精神和科学素养，具有自主性学习和研究分析能力，具有生物制药技术、生物技术理论和技能，掌握现代生物技术和制药技术的工艺流程，具备现代生物制药工艺与技术、药品生产管理与营销的知识和能力，能运用基因工程、细胞工程技术开展生物药物开发与应用，具有较强专业能力和综合竞争能力，可出国深造、攻读硕博学位，或在高等院校、科研院所、生物制药企业等单位从事教学、研发、生产及管理等工作的高级应用型人才。

（三）核心课程

细胞与分子生物学、基因工程原理与应用、蛋白质与酶工程、发酵工程、药理学、药剂学、药物分析、制药工程原理、生物制药工艺学。

（四）专业优势

教师团队全部为国内外知名高校博士以上学历，其中教授5名，同时聘请数十位国内外知名高校、企业的兼职教授和行业导师，“产学研”一体化协同育人优势明显。拥有与该专业密切相关的生物学一级硕士点，中药学、合成生物工程二级硕士点等。已与国内多家生物制药标杆企业建立教学、实践、就业的紧密合作关系，保证学生学有所成、学有所用。

（五）就业方向

毕业后可在各级卫生行政部门、医院、食品药品质量监管部门、医药院校、科研单位、大型制药企业、知名食品保健企业、各大药房药店等单位部门从事行政管理、质量监管、教学科研、生产技术、鉴定检测、贸易销售等相关工作，或继续攻读国内外生物医药相关专业硕博学位，拥有良好的就业途径和深造机会。

（六）招生情况

近三年本专业在浙江省招生录取分数如表48-1所示。

表48-1　近三年本专业在浙江省招生录取分数

年份	科类批次	录取	最高分	最低分	平均分	选考课程	省控线
2019	普通平行批	30	609	594	596.7	不限	一段线595 二段线496
2020	普通平行批	39	603	595	596.5	不限	一段线594 二段线495
2021	普通平行批	45	602	586	589.4	不限	特控线589 一段线495

（七）具体方案

本专业培养具备扎实的生物技术和药学基础理论、基本知识，熟练掌握现代生物技术和制药技术的常用实验流程，初步了解生物技术制药企业生产和销售环节的流程，能够胜任现代生物技术实验室和生物技术制药企业岗位基本要求的德、智、体、美、劳全面发展的技术应用型高级实用人才。

本专业学生应掌握生物化学、生化分离分析技术、生物技术及工业药剂学等方面的基本理论知识和专业技能，受到生物制药研究和生产技术的基本训练，毕业后能从事生物药物的资源开发、产品研制、生产、技术管理、质量控制等工作。

本专业的知识能力如下。

（1）掌握化学制药、生物制药、药物制剂技术与工程的基本理论和基本知识。

（2）掌握药物生产装置工艺与设备设计方法。

（3）具有对药品的新资源、新产品、新工艺进行研究、开发和设计的初步能力。

（4）熟悉国家对于化工与制药生产、设计、研究与开发、环境保护等方面的方针、政策和法规。

（5）了解制药工程与制剂方面的理论前沿，了解新工艺、新技术和新设备的发展动态。

（6）熟练掌握一门外语，具备听、说、读、写能力，掌握文献检索、资料查询的基本方法，具有一定的科学研究和实际工作能力。

49. 食品科学与工程（粮油储检方向）

学制：基本学制四年，实行弹性学制，学习年限三至六年
授予学位：工学学士学位

（一）专业简介

食品科学与工程（粮油储检方向）是浙江农林大学与浙江省粮食和物资储备局合作办学专业，侧重培养学生掌握粮油储藏、粮油检测、购销管理等方面的能力，是浙江省唯一培养粮油储检人才的本科专业。实行定向招生、定向培养、定向就业模式，毕业定向于浙江粮食系统，在各级粮食企业主要从事粮油储藏管理、害虫控制、粮油品质检测、粮油购销调控管理、粮油食品加工工艺设计、新产品开发、市场营销等工作，享有国有企业编制。

本专业遵照教育部教学质量标准，以浙江粮食系统发展需求为导向，适应粮油产业发展新需求、新发展，凸显粮油储藏、粮油检测、购销管理、粮食经济等方面的能力培养，构建知识、能力与素质于一体的食品科学与工程（粮油储检方向）课程体系，坚持教学质量标准化与定向培养，坚持课堂教学创新与学业评价改革相结合，形成定向招生、定向培养、定向就业的人才培养新模式。

（二）培养目标

本专业培养具有生态文明意识，具备化学、食品科学、粮油储藏、粮油检测、粮油购销管理、粮油食品工程技术、信息学、经济学、管理学等知识，掌握粮油储藏管理、粮油食品质量与安全检测、粮油购销管理、粮油储管信息化等方面基本理论和技能，能够从事和引领现代粮油储藏管理、粮油品质检测与控制、粮油购销管理、粮油设备及加工工艺设计、粮油加工高值化等方面工作的高级应用型人才。

（三）核心课程

生物化学、食品微生物学、食品工程原理、食品化学、储藏物害虫综合治理、储藏粮油品质与检验、粮油储藏学、通风除尘与物料输送、粮食流通信息化与物联网等。

（四）专业优势

食品科学与工程（粮油储检方向）专业属浙江省粮食系统定向招生、定向培养、定向就业专业，是省级重点建设专业，拥有“食品科学与工程”一级学科硕士学位和“食品加工与安全”专业硕士学位授予权。

（五）就业方向

本专业毕业生，即定向培养生，按期毕业后，须按定向培养协议到相应的各级粮食物资系统用人单位工作，用人单位须按定向培养协议与定向培养生签订劳动合同。定向培养生正式入职后，在校期间学费由用人单位一次性奖补。定向培养生在用人单位工作的期限不得少于 5 年。

本专业毕业定向于浙江粮食系统，在各级国有粮食收储企业主要从事粮油储藏管理、害虫控制、粮油品质检测、粮油购销调控管理、粮油食品加工工艺设计、新产品开发、市场营销等工作，享有国有企业待遇。本校拥有“食品科学与工程”一级学科硕士学位和“食品加工与安全”领域农业硕士学位授予权，为毕业生创造了良好的升学空间。毕业生可到工商管理系统、食品卫生监督部门、食品企业及教学、科研等单位从事食品质量监督、食品检验检疫、食品品质质量控制等方面的工作。

（六）招生情况

近三年本专业在浙江省招生录取分数如表 49-1 所示。

表 49-1　近三年本专业在浙江省招生录取分数

年份	科类批次	招生专业	录取人数	最高分	最低分	选考课程
2019	普通类提前录取	食品科学与工程（粮油储检方向）	61	612	527	物理或化学或生物
2020	普通类提前录取	食品科学与工程（粮油储检方向）	69	632	541	物理或化学或生物
2021	普通类提前录取	食品科学与工程（粮油储检方向）	70	617	538	物理或化学或生物

（七）具体方案

食品科学与工程专业需要掌握以下能力。

（1）掌握生物化学、食品化学、微生物学的基本理论与实验技术。

（2）掌握食品分析、检测的方法。

（3）具有工艺设计、设备选用、食品生产管理和技术经济分析的能力。

（4）熟悉食品工业发展的方针、政策和法规。

（5）了解食品储运、加工、保藏及资源综合利用的理论前沿和发展动态。

（6）掌握文献检索、资料查询的基本方法，具有初步的科学研究和实际工作能力。

食品科学与工程专业就业方向有很多，就业前景也比较广阔，但大家还是要在专业上努力学习，争取学得更深入。

学生毕业后可到大专院校、科研院所、食品企业等与食品相关的行业从事科学研究、产品开发、品质控制、经营管理和市场营销等工作；也可以报考公务员到国家机关、海关、商检、食品安全管理、环保、知识产权保护等政府和事业单位从事行政监管工作。

50. 园　艺

学制：四年　　授予学位：农学学士学位

（一）专业简介

园艺作物一般指以较小规模集约栽培的具有较高经济价值的作物，主要分为果树、蔬菜和观赏植物三大类。园艺起源于石器时代，文艺复兴时期，在意大利再次兴起并传至欧洲各地。中国周代，园圃开始作为独立经营部门出现。历代在温室培养园艺田、果树繁殖和栽培技术、名贵花卉品种的培育以及在园艺事业上与各国进行广泛交流等方面卓有成就。20世纪后，园艺生产日益向企业经营发展。现代园艺已成为综合应用各种科学技术成果以促进生产的重要领域。园艺产品已成为完善人类食物营养及美化、净化生活环境的必需品。

本专业的学习内容主要有园艺作物栽培、育种、组织培养、生物技术、设施园艺学、园产品商品学、园产品储藏加工、园艺作物病虫害防治等专业基础课和园艺作物栽培管理、园艺作物育种与繁殖、设施园艺、观赏园艺等方向的专业课。系统进行园艺作物生产、管理和园艺作物新品种选育等方面的基本训练，具备园艺作物育种、园艺作物栽培及种子生产和工厂化育苗、设施园艺和无土栽培等方面的基本能力。培养从事果树、蔬菜、观赏园艺等方向的教学、科研、行政和企业管理及技术开发的专门人才。能从事园艺作物栽培、育种和良种繁育、工厂化育苗、设施园艺和无土栽培、园艺作物生物技术、现代科技园区规划设计及园产品储藏加工等方面的技术工作、经营管理和科学研究等工作。

（二）培养目标

本专业培养具备生物学和园艺学的基本理论和核心技术，掌握现代园艺生产综合技能，能在各级农林管理部门、科研院所、大型园艺相关企业等单位，从事科学研究、良种选育、技术研发与推广应用、园艺教育和经营管理等方面工作的复合应用型人才。重点培养学生的综合素质、实际动手能力、创新精神、创业能力和终身学习素养。

（三）核心课程

植物学、植物生理学、生物化学、土壤肥料学、生态学、园艺植物栽培学、园艺植物育种学、设施园艺学、园艺产品储藏加工学、园艺植物保护学、花卉学、果树学、蔬菜学等。

（四）专业优势

依托的产业基础优势（浙江园艺产业发展水平居全国前列，园艺为浙江农业的第一支柱产业，总产值占种植业的72%以上）；专业建设水平高（2007年园艺专业获批为我校首个国家特色专业，2012年获批为浙江省优势专业，2015年获批为教育部卓越农林人才教育培养计划改革试点专业，2016年获批为浙江省“十三五”优势专业）；师资力量强（现有教师36人，其中教授10人、副教授16人，35人拥有博士学位，硕士生导师23人。国家级人才3人，省级各类人才8人。有农业农村部农业科研杰出人才及其创新团队和浙江省高等学校创新团队各1个）；人才培养平台好（本学科为浙江省一流学科，有中荷种子研究中心、浙江省重点实验室、浙江省本科实验教学中心、平山现代化玻璃温室、官塘农场和现代农林科技园等校内实践教学平台，还与勿忘农集团有限公司、虹越花卉有限公司等浙江省园艺行业龙头企业共建校外教学实习基地19个）；国际化的教育资源丰富（与德国基尔大学、加拿大阿尔伯特大学等联合办学）；良好的升学空间（学校有与本专业相关的园艺学、农艺与种业、生物学、园林植物与观赏园艺、风景园林学等硕士点）。

（五）就业方向

毕业生在园艺种子公司、花卉企业等企事业单位，从事经营与技术推广工作；在园艺设计规划等相关单位，从事园艺作物养护管理、景观设计等工作；加入自然教育机构，从事自然教育、环境教育等工作；进入大专、中专院校，从事与园艺相关的教学与科研工作。

（六）招生情况

近三年本专业在浙江省招生录取分数如表50-1所示。

表50-1　近三年本专业在浙江省招生录取分数

年份	科类批次	招生专业	录取	最高分	最低分	选考课程
2019	普通提前批	园艺（三位一体）	5	592	574	物理或化学或生物
		园艺（定向农技）	11	646	595	物理或化学或生物
		园艺	32	621	586	物理或化学或生物
2020	普通提前批	园艺（三位一体）	5	590	573	物理或化学或生物
		园艺（定向农技）	13	636	598	物理或化学或生物
		园艺	31	618	585	物理或化学或生物
2021	普通提前批	园艺（三位一体）	10	590	560	物理或化学或生物
		园艺（定向农技）	6	621	590	物理或化学或生物
	普通平行批	园艺	65	588	573	物理或化学或生物

（七）具体方案

大学阶段的学习规划、职业规划尤为重要，职业生涯规划的好坏直接影响大学期间的学习生活质量，更直接影响求职就业甚至未来职业生涯的成败。根据大学不同时期的特点提出具体方案。

1. 一年级——生涯认知、自我探索阶段

教育主题：认知专业就业方向，培养自身专业兴趣。

运用方法：课程教学（包括新生研讨课、就业方向体验等）、企业参观、社会实践、专业测试问卷、学生组织的各种活动。

效果检验：结课论文的撰写、生涯人物访谈等；个人心得体会及成长经历；实践报告的编写。

2. 二年级——环境探索、方向锁定阶段

教育主题：探索园艺专业工作环境，锁定今后就业方向。

运用方法：课程教学（包括行业发展介绍、就业方向分析等）、企业实践、社会实习。

效果检验：个人对行业发展的想法及思考；实习报告及成果的编写；职业生涯规划的制定。

3. 三年级——生涯发展、素质提升阶段

教育主题：了解园艺专业工作岗位需求，提升个人能力素质。

运用方法：课程教学（包括岗位需求介绍、简历面试技巧等）、模拟训练、企业实习。

效果检验：岗位需求及个人能力对比分析；模拟训练成果；实习报告及成果的编写，对个人能力的认识。

4. 四年级——调整、适应、转换阶段

教育主题：做好毕业求职准备，掌握求职方法技巧。

运用方法：专项指导（包括具体企业文化分析、专门谈话辅导、工作机会提供等）。

效果检验：学生就业质量及就业率检验。

51. 茶　学

学制：基本学制四年，实行弹性学制，学习年限三至六年
授予学位：农业学士学位

（一）专业简介

茶学专业开设于2013年，是依托园艺学、文化产业管理学、食品科学等多个学科支撑的特设专业。专业依托国家一流专业建设点园艺学科、国家汉办汉语国际推广茶文化传播基地和浙江省非物质文化遗产传承教学基地，并与中国农业科学院茶叶研究所、中华全国供销合作总社杭州茶叶研究院、浙江省茶叶集团等16家国内一流科研院所和生产经营企业建成了“产学研”联动教学模式与社会实践平台。

根据茶全产业链对跨界融合创新人才和新农人的需求，本专业以“重视人文、夯实基础、拓宽口径、突出交叉、强化实践”为目标，坚持通识教育与专业教育深度融合、基础教育与分层分类培养有效融通，注重学生个性化培养。设置了“知识—能力—素质”一体化和“产前—产中—产后”全过程的课程体系，实行理论教学与专业实训、社会实践及创新创业教育的“一二三”课堂联动，通过校内课程资源共享、校内外实践基地建设、聘请校外客座教授和行业精英开展线上微信课堂及线下讲座等活动，深度融合创新创业教育与专业教育；利用并设计各类竞赛，将课堂教学创新与学业评价改革相结合；通过导师制及个性化专业技能实习，充分培养学生的技术服务、组织管理和创新创业能力，强化学生的社会责任感，促进学生德、智、体、美、劳全面发展。

（二）培养目标

茶学专业培养服务国家乡村振兴和农业现代化战略，具备生态茶园建设和管理、茶产品设计与生产、茶品质控制、茶产业管理等现代茶业知识体系，服务全国现代茶产业的高级复合应用型人才，引领未来茶产业的发展。

（三）核心课程

茶叶生物化学、茶树栽培学、茶叶加工学、茶叶审评与检验、茶树病虫防治学、茶树育种学、茶叶企业经营管理学、茶叶深加工等。

（四）专业优势

依托的产业基础优势：浙江是我国茶叶科技文化创新及传播中心，拥有4家国家级茶叶研究和文化传播机构。浙江龙井茶是排名第一的茶叶品牌，其产值居于我国各类名

优茶的首位。

专业建设水平高：茶学所依托的一级专业——园艺专业，2019 年入选首批国家级一流专业建设点，同时也是首批国家级特色专业、教育部卓越农林人才试点建设专业。该专业教师 100%具有博士学位。

培养平台好：拥有国家汉办汉语国际推广茶文化传播基地和浙江省非物质文化遗产传承教学基地两大平台，同时与行业一流企事业单位建成校外实习实训基地 16 个。

（五）就业方向

茶学专业毕业生就业口径较宽，可在农业、工业、商贸等领域或部门从事与茶学有关的技术与设计、推广与开发、经营与管理、教学与科研等工作。主要去向有考取国内外研究生继续深造、茶叶企业（饮品加工类、栽培加工类、贸易经营类、销售服务类等）、行政事业单位（农业管理部门、农技推广部门等）、教学科研院所和食品商检部门等。近三年平均毕业去向落实率 96.10%，升学率 20.78%。

（六）招生情况

近三年本专业在浙江省招生录取分数如表 51-1 所示。

表 51-1　近三年本专业在浙江省招生录取分数

年份	科类批次	招生专业	录取人数	最高分	最低分	选考课程
2019	普通类提前录取	茶学	15	603	585	物理或化学或生物
2020	普通类提前录取	茶学	14	614	585	物理或化学或生物
2021	普通类平行录取	茶学（免学费）	20	590	575	物理或化学或生物

（七）具体方案

毕业生能力要求如下：

具备扎实的数学、物理化学、生物、计算机等基本理论知识；掌握茶叶生物化学茶叶优质高产、茶叶品质形成和食品工程的基本理论；具备茶树栽培育种、茶叶加工、审评、检验茶文化和经济贸易方面的方法和技能；具备农业可持续发展的意识和基本知识，了解茶学学科前沿和发展趋势；熟悉国家对农业和茶业的有关方针、政策和法规；掌握科技文献检索的基本方法，具有一定的科学研究和实际工作能力；有较强的调查研究与决策、组织与管理、口头与文字表达能力，具有独立获取知识、信息处理和创新的基本能力。

52. 文化产业管理（茶文化）

学制：四年　　授予学位：管理学学士学位

（一）专业简介

浙江农林大学文化产业管理（茶文化）专业创建于2007年，经过十多年的发展，打造成以茶文化为主体、茶学与文化产业管理为支撑的复合型人才培养体系，创立了以茶文化创意、技能培养为核心的“产学研”联动教学模式，搭建起茶文化的国内外社会实践平台。本专业拥有国家语言合作中心汉语国际推广茶文化传播基地和浙江省非物质文化遗产传承教学基地。因国家新型一级学科“交叉学科”的创建，专业得以拥有与学科归属高度匹配的前景。

本专业着力培养胜任国内外茶文化传播、茶与茶文化行业管理、茶产品创意策划及经营等领域的中高级应用型人才。

（二）方案特征

以茶精神与物质的高度融合为核心特质，并与农学、社会学、民俗学、教育学、医学、历史学、文学、艺术学、语言学、管理学、哲学等诸多学科互相联系渗透；利用专业和国家语言合作中心汉语国际推广茶文化传播基地紧密结合的现有优势，着力培养具有全球视野与跨文化传播能力的茶文化专业人才。主要特点如下。

第一，学科交叉。

建立茶文化（学科背景为社会学与哲学）、茶学（学科背景为园艺学）、茶产业（学科背景为管理学与传播学）、茶教育（学科背景为语言学与教育学）四大课程模块，交叉构筑以茶生产、茶生活为专业基础；茶审美、茶科学为专业实践；茶教学、茶传播为专业技能；茶情理、茶哲思为专业灵魂的知识体系。

第二，国际传播。

以茶文化全球传播交流为教学与实践特点，以培养茶文化国内外推广使者为重要目标，直接服务于国家“一带一路”倡议、茶和天下的中国软实力全球化呈现，将培养跨文化人才、培养茶文化传播使者作为教学亮点。

第三，即知即行。

将复合型人才的培养聚焦点集中到知行合一、即知即行的轨道，在拓宽加深人才知识层面的同时，将当代高科技、大数据背景下的茶文化实践技能作为重要考量标准，以丰富的实践课时、特色的专业实习，训练出具备合格理论与技能的创业性人才。

第四，共建模式。

与社会共建、合建专业，以良好的双向循环方式精准职业靶心，将课堂教学的专业设置与行业的需求高度匹配，从而达到学校与社会人才需求的“双赢”。

（三）培养目标

本专业注重具备良好生态文明意识、拥有合格人文素养和创新精神的茶文化本科生，旨在培养能从事茶文化传播推广、茶国际教学交流、茶品牌策划管理、茶艺术创作呈现、茶产品生产经营，并掌握茶文化产业管理、茶产业领域综合技能及相关创业能力的中高级应用型人才。

（四）核心课程

中外文化概论、民俗学概论、文化产业概论、茶文化通论、茶学概论，基础茶艺、茶叶企业经营管理、茶的制作与评品等。

（五）专业优势

本专业为全国唯一的茶文化本科专业。

（六）就业方向

毕业生能在相关企事业单位从事茶文化传播与推广、品牌策划与管理、茶产品经营及自主创业等工作。

（七）招生情况

近三年本专业在浙江省招生录取分数如表 52-1 所示。

表 52-1　近三年本专业在浙江省招生录取分数

年份	科类批次	录取	最高分	最低分	平均分	选考课程	省控线
2019	普通平行批	30	609	594	596.7	不限	一段线 595 二段线 496
2020	普通平行批	39	603	595	596.5	不限	一段线 594 二段线 495
2021	普通平行批	45	602	586	589.4	不限	特控线 589 一段线 495

53. 智慧农业

学制：四年　　授予学位：农学学士学位

（一）专业简介

本专业以立德树人为根本，深化“三全育人”，以教育部“新农科”建设理念为指导，为乡村振兴战略和长三角区域经济发展，培养具有正确的人生观和价值观，理想信念坚定，具有“三农”情怀、人文素养和生态文明意识，掌握农学、生命科学、农业工程机械与智能装备、信息科学与大数据技术、农业经济管理等学科基本理论、基本知识和基本技能，能够胜任现代智慧农业产业及相关领域的教学科研、产业规划、经营管理、技术服务等工作的复合交叉型农业科技人才。

智慧农业是以信息和知识为核心要素，通过将互联网、物联网、大数据、云计算、人工智能等现代信息技术与农业深度融合，实现农业信息感知、定量决策、智能控制、精准投入、个性化服务的全新的农业生产方式，是农业信息化发展从数字化到网络化再到智能化的高级阶段。专业依托园艺学院，联合机电工程学院、计算机与信息学院，形成多学科交叉的师资队伍、教学与科研平台，是引领农科专业提升改造、解决当前“新农科”人才需求的重要途径。该专业旨在培养服务国家和区域农业农村现代化发展战略需求，具备现代农业、信息技术、农机装备技术、生物技术和现代经营管理知识体系，能胜任现代农业及相关领域的教学科研、产业规划、经营管理、技术服务等工作，引领现代农业发展、实现农业智能化的农业科技人才。

（二）培养目标

本专业立足智慧农业发展前沿，致力于培养具有农学、电子信息、机械工程、资源环境、农业经济管理等学科交叉知识背景，具有一定创新创业素质和产业实践能力的复合交叉农业科技人才。熟练掌握作物优质高效安全生产相关的基本理论、知识和实践技能；能够综合应用农业、遥感、互联网、大数据和机械等多个领域开展智慧农业生产和研究；了解农业行业和产业发展状况和未来趋势，能够运用所学专业理论对本领域的复杂问题进行系统分析和研究，并形成解决方案；能够熟练掌握至少一门计算机编程语言（Python、C#等），能够对农业产前、产中和产后过程中产生的大数据进行收集、整理和分析；了解农业经济学与管理学的基本知识与方法，具备农产品经营、农技推广与服务、农业项目管理、家庭农场/专业合作社经营和管理的能力。

（三）核心课程

生物信息学、农业大数据分析与实践、农业人工智能、智慧农业综合实习、植物保护学、种子学、作物育种学、植物生理学、智能农业装备、农业机器人技术、土壤与植物营养学、遗传学、有害生物绿色防控、精准农业。

（四）专业优势

本专业为2022年新设置专业，在筹备智慧农业专业前期，对农学、植物保护等专业毕业生的主要就业单位，以及与浙江农林大学有密切合作的政府、企事业单位、高校和科研院所进行了专项调研，发现大部分单位对智慧农业专业人才都表现出强烈兴趣，纷纷表示希望与浙江农林大学开展智慧农业方面的“产学研”合作育人。

（五）就业方向

21世纪以来，随着互联网、物联网、大数据、云计算、区块链、人工智能、智能装备和5G等先进技术的发展，农业生产进入了“智慧化4.0时代”。智慧农业是现代信息、工程、遥感技术与农业生产相融合的产物，实现了对农业生产过程中全部要素的智能感知、信息提取、定量决策、智能控制、精准运行和科学管理。本专业毕业生的主要就业方向包括生命科学、农业机械工程、农业信息技术、农林牧渔、智慧农场、“互联网+”农业等领域的政府机关、事业单位、高新技术企业、大型国有农场、合作社、基层农户和家庭农场、植物工厂、科研教育机构等。

（六）具体方案

大学阶段的学习规划、职业规划尤为重要，职业生涯规划的好坏直接影响大学期间的学习生活质量，更直接影响求职就业甚至未来职业生涯的成败。根据大学不同时期的特点提出具体方案。

1. 一年级——生涯认知、自我探索阶段

教育主题：认知专业就业方向，培养自身专业兴趣。

运用方法：课程教学（包括新生研讨课、就业方向体验等）、企业参观、社会实践、专业测试问卷、学生组织的各种活动。

效果检验：结课论文的撰写、生涯人物访谈等；个人心得体会及成长经历；实践报告的编写。

2. 二年级——环境探索、方向锁定阶段

教育主题：探索农学类专业工作环境，锁定今后就业方向。

运用方法：课程教学（包括行业发展介绍、就业方向分析等）、企业实践、社会实习。

效果检验：个人对行业发展的想法及思考；实习报告及成果的编写；职业生涯规划的制定。

3. 三年级——生涯发展、素质提升阶段

教育主题：了解农学类专业工作岗位需求，提升个人能力素质。

运用方法：课程教学（包括岗位需求介绍、简历面试技巧等）、模拟训练、企业实习。

效果检验：岗位需求及个人能力对比分析；模拟训练成果；实习报告及成果的编写，对个人能力的认识。

4. 四年级——调整、适应、转换阶段

教育主题：做好毕业求职准备，掌握求职方法技巧。

运用方法：专项指导（包括具体企业文化分析、专门谈话辅导、工作机会提供等）。

效果检验：学生就业质量及就业率检验。

54. 设施农业科学与工程

学制：四年　　授予学位：农学学士学位

（一）专业简介

设施农业科学与工程专业是以生物科学、环境科学为基础，涉及现代种植技术、材料科学、建筑设计、环境工程、信息技术、生物技术及经营管理等领域，是一门多学科交叉的综合性应用学科。目前，该专业拥有教师 32 人，其中教授 11 人、副教授 12 人、国家级人才 3 人。本专业依托省一流学科（园艺学），建有山区农业高效绿色生产协同创新中心等 6 个省部级平台和 26 个大学生校外实习基地，充分利用全国领先的设施育苗、设施蔬菜、设施果树和设施花卉产业，培养适应现代设施农业发展需要，融合生物学、环境科学、工程技术、信息技术等多学科知识，具备生态文明意识、创新精神和创业能力的高素质设施农业科技人才。

本专业契合浙江省高效农业、特色精品农业、智慧农业等产业发展实际，结合浙江省数字农业发展规划，重点突出设施高效种植模式、温室设计与建造、设施环境智能监测与调控、作物工厂化生产等核心内容的交叉融合，培养具备农业种植、智慧控制、工厂化生产等能力的复合交叉型人才，以满足设施农业飞速发展对专业人才的需要。本专业以“重视人文、夯实基础、拓宽口径、突出交叉、强化实践”为人才培养理念，坚持通识教育与专业教育深度融合、基础教育与分层分类培养有效融通，注重学生个性化培养，设置了“知识—能力—素质”一体化课程体系，实习理论教学与专业实训、社会实践及创新创业教育的“一二三”课堂联动，强调校校、校地、校企共育，实现科教融合、产教融合和跨界融合的全链协同育人，同时培养学生的专业能力和社会责任感，使学生具备深厚的基础科学理论、人文素养和国际视野，促进学生德、智、体、美、劳全面发展。

（二）培养目标

本专业培养具备植物生物学及园艺学等基础知识，园艺设施学、设施环境工程、农业园区规划设计等工程知识，设施作物育种学、设施作物批培学、工厂化生产等栽培知识，Python 语言、计算机辅助设计等计算机知识，智慧设施园艺物联网等信息技术知识，接受设施农业科研、生产工程技术等方面的基本训练，能在科教、产业、管理等领域和部门从事设施农业的科研与教学、工程与设计、农业园区规划设计、设施作物生产、技术推广与开发、经营与管理等方面工作的交叉复合型人才。

（三）核心课程

设施作物栽培、现代农业专题讲座、园艺设施学、智慧设施园艺、农业机械化生产学、温室环境控制技术、无土栽培学、设施环境工程、生物统计与试验设计、生物化学、设施作物育种学、遗传学、数字农业、都市园艺。

（四）专业优势

数字化、智慧化是设施农业发展的必然趋势。本专业为了培养基于创新能力的高层次人才，构建了课内实验、必修实践环节和学科竞赛等多维的实践教学体系，让培养方案的创新性落实到具体课程上，通过整合相关校内教师资源，引进与培养设施栽培、农业信息化等领域高层次人才，选派教师出国访学等多种途径，提升师资力量。

以省一流学科园艺学为引领，主动对接浙江省设施农业优势特色产业，重点从设施栽培、设施环境智能调控、农业物联网等方面，建立创新团队、交叉学科、产学研合作、校际校外、国内国外多元协同、校企深度融合的农业类人才培养模式。

（五）就业方向

本专业学生毕业后可在科研机构、高等院校、企事业单位和行政管理部门从事设施农业的生产技术、工程设计、管理、教学和科研工作。可选择的单位主要包括农业教育机构、教学单位（高等职业技术中等学校）、科研单位、农业管理部门、信息咨询公司、蔬菜和花果企业、大型大棚和种子种苗公司、农产品外贸公司、现代农场和现代高新技术示范园等。

此外，如果想继续深造，还可以选择攻读园艺、蔬菜学、农业建筑环境与工程等专业的硕士学位，也可以继续深造作物生理生态、设施设计与改善、设施环境工程与调控、设施生产技术、无土栽培、资源综合利用等植物科学、工程科学、环境科学等专业。

（六）具体方案

设施农业科学与工程是指设施农业的完整科学体系和生产体系，研究设施农业的生产理论与技术、生产对象的生理生态、设施结构与材料、环境调控技术与装备等内容，利用必要的设施和设备，为生产对象创造适宜的生长发育环境，实现设施农业的优质高产高效生产。

培养具备较完善的现代设施农业科学与工程的基础知识，掌握较扎实的现代设施农业科学与工程的基本技能，能从事设施农业及相关领域的规划设计、产品制造、产业开发、技术推广、经营管理及教学和科研等工作，有较宽广适应性和一定特长的应用型、复合型高级专门人才。

学生主要学习农业设施设计、制造和安装、设施环境调控、传感与测试技术和工程、种苗工厂化生产、设施作物栽培和育种、设施农业经营管理等专业知识和技能，参加实验和实习等教学环节，具有农业设施设计、建造、管理和设施作物栽培，管理、品种选育、种子生产、种苗繁育、设施农业经营管理的基本能力。

主要实践性教学环节：课程实验实习、军事技能训练、劳动技能训练、社会实践、专业文献综述训练、教学实习、科学研究基础训练、专业综合能力测试、毕业实习及毕业论文等。

主要专业实践：设施作物形态特征、生长发育、植株管理、杂交和选种、生产管理、设施类型和结构参数、温室设计与构造、设施安装和营建、设施环境检测和调控、厂化育苗、无土栽培设备与技术、设施作物产品采后处理等。

学生继续深造方向：毕业生可在植物科学类、工程科学类、环境科学类如栽培生理生态、遗传育种、设施设计与改良、设施环境工程与环境调控、设施生产技术、无土栽培、资源综合利用等方向深造。